Agentenbasierte Schwarmintelligenz

Tjorben Bogon

Agentenbasierte Schwarmintelligenz

Tjorben Bogon
Trier, Deutschland

Dissertation Universität Trier, 2012

ISBN 978-3-658-02291-4   ISBN 978-3-658-02292-1 (eBook)
DOI 10.1007/978-3-658-02292-1

Die Deutsche Nationalbibliothek verzeichnet diese Publikation in der Deutschen Nationalbibliografie; detaillierte bibliografische Daten sind im Internet über http://dnb.d-nb.de abrufbar.

Springer Vieweg
© Springer Fachmedien Wiesbaden 2013
Das Werk einschließlich aller seiner Teile ist urheberrechtlich geschützt. Jede Verwertung, die nicht ausdrücklich vom Urheberrechtsgesetz zugelassen ist, bedarf der vorherigen Zustimmung des Verlags. Das gilt insbesondere für Vervielfältigungen, Bearbeitungen, Übersetzungen, Mikroverfilmungen und die Einspeicherung und Verarbeitung in elektronischen Systemen.

Die Wiedergabe von Gebrauchsnamen, Handelsnamen, Warenbezeichnungen usw. in diesem Werk berechtigt auch ohne besondere Kennzeichnung nicht zu der Annahme, dass solche Namen im Sinne der Warenzeichen- und Markenschutz-Gesetzgebung als frei zu betrachten wären und daher von jedermann benutzt werden dürften.

Gedruckt auf säurefreiem und chlorfrei gebleichtem Papier

Springer Vieweg ist eine Marke von Springer DE. Springer DE ist Teil der Fachverlagsgruppe Springer Science+Business Media.
www.springer-vieweg.de

Geleitwort

Die Optimierung komplexer Systeme z.b. von Produktions- und Liefernetzwerken ist ein zentraler Gegenstand der Wirtschaftsinformatik. In den letzten Jahren hat sich dabei die Optimierung mit digitalen Partikelschwärmen etabliert, die praktikable Lösungen auch bei limitiertem Rechen- und Speicheraufwand bietet. Moderne Rechnerarchitekturen wie Mehrkernprozessoren oder Rechnercluster scheinen für Partikelschwarmberechnungen prädestiniert zu sein. Tatsächlich entstehen dabei aber gravierende Probleme, wenn die Berechnung für eine Entität (Partikel) im Schwarm von der Berechnung der Nachbarpartikeln abhängt. Ist diese Abhängigkeit ausgeprägt und die Evaluation der einzelnen Partikel weniger komplex, ergibt sich zunächst kein Vorteil durch Parallelisierung. Deshalb wird vielfach empfohlen Partikelschwarmoptimierungen auf nur einem Rechner durchzuführen, ein wenig befriedigender Vorschlag.

Mit dem vorliegenden Buch geht Herr Bogon sehr systematisch auf diese Problematik ein und beschreibt eine weitgehend von ihm selbst entwickelte Technologie für eine Agentenbasierte Partikelschwarmoptimierung, die sich durch verteilte Berechnungen tatsächlich erheblich beschleunigen lässt. Die grundlegende Idee ist eine intelligente Aufteilung des gesamten Schwarms auf mehrere Teilschwärme, die jeweils einem intelligenten Agenten zugeordnet werden. Diese Agenten operationalisieren den Austausch zwischen den Teilschwärmen. Dabei greift Herr Bogon auf diverse Konzepte aus der einschlägigen Literatur zurück, die in die agentenbasierte Steuerung der Optimierung einfließen.

Das Buch bietet Fachexperten damit viele neue Denkansätze und Hilfestellungen bei der Lösung komplexer Optimierungsprobleme unter Einsatz modernere Computerinfrastrukturen. Die Darstellung der Grundlagen und des Stands der Forschung ist hervorragend gelungen. Gerade wegen der systematischen Darstellung des Umfelds und der vorausgehenden Konzepte wird das Buch aber auch zu einer überzeugenden Einführung in die Partikelschwarmoptimierung, die sicherlich für "Neulinge" auf diesem Gebiet und praktische Anwender lesenswert und anregend ist.

Ich wünsche allen Lesern einen hohen Nutzen für ihr jeweiliges Arbeitsgebiet bei der Lektüre.

Trier, im Juli 2013
Univ.-Prof. Dr.-Ing. Ingo J. Timm

Inhaltsverzeichnis

I Einleitung 1

1 Motivation 3
1.1 Bedeutung von Heuristiken in der Informatik 5
1.2 Ziel der Arbeit 6

II Wissenschaftliche Einordnung der Arbeit 9

2 Künstliche Intelligenz und Optimierung 11
2.1 Künstliche Intelligenz 12
2.2 Verteilte Künstliche Intelligenz 18
2.3 Metaheuristiken 25
2.4 Schwarmintelligenz 34
2.5 Fazit der thematischen Einordnung 38

3 *State of the Art* 39
3.1 Partikel Schwarm Optimierung (PSO) 39
3.2 Arten der Partikel Schwarm Optimierung 44
3.3 Selbstorganisierende Optimierung 54
3.4 Fazit 58

III Agentenbasierte Schwarmintelligenz 61

4 Kontrollierte Agenten-gesteuerte Schwarmoptimierung 63
4.1 Aufbau einer PSO 65
4.2 Konstruktion des *Frameworks* 67
4.3 Autonome Optimierungsverwaltung 71

5 Verteilung von Schwärmen 73

6 Dynamische Konfiguration der PSO   **79**
    6.1   Analyse des Schwarmverhaltens 80
    6.2   Mathematische Analyse der Funktion 85

7 Dynamische Steuerung der Partikel Schwarm Optimierung   **99**
    7.1   Anpassung der *update*-Regel durch Erweiterung 99
    7.2   Setzen von Anziehungspunkten zur Schwarmsteuerung 102

8 Zusammenfassung der Ansätze   **109**

IV Evaluation   111

9 Prototypische Evaluationsumgebung der Agentenbasierten Schwarmintelligenz   **113**

10 Evaluation der Agentenbasierten PSO-Erweiterungen   **117**
    10.1   Agenten-basierte parallele Schwarmberechnung 117
    10.2   Analyse der Strategiewechsel 125
    10.3   Mathematische Analyse der Funktion 128
    10.4   Evaluation der *update*-Formel durch eine Erweiterung eines Anziehungsfaktors 132
    10.5   Auswirkung der *Random Points* und Berechnung adäquater Parameter 134

11 Diskussion und Zusammenfassung der Evaluation   **143**

V Fazit   147

12 Zusammenfassung   **149**

13 Ausblick   **153**

Sachverzeichnis   **155**

Literaturverzeichnis   **157**

Teil I

Einleitung

1 Motivation

Als Motivation dieser Arbeit sind viele Gründe zu benennen. Zum einen ist die Nutzung von Optimierungstechniken immer grundlegender im heutigen Wirtschaftssystem. Die Probleme werden immer komplexer und die Anzahl der denkbaren Lösungen immer aufwendiger. Zum anderen ist das Entwickeln und Erfinden von neuen Metaheuristiken ein spannender, in der Künstlichen Intelligenz eingebetteter Bereich der Informatik. Ebenfalls zu nennen ist die hohe Nachfrage der kognitiven Robotik nach effizienten Optimierungsmethoden, welche sehr gute Lösungen liefern. Dies liegt daran, dass Roboter in ihrer Funktionalität immer mehr der menschlichen Art zu denken angepasst werden, in der Hoffnung komplexere Zusammenhänge berechnen zu können.

Ein weiteres Beispiel ist die weltweite Vernetzung. So steigen der Import sowie der Export immer weiter und lassen die Wirtschaft in den Industriestaaten florieren. Um Waren zielgerichtet und effizient zu verschicken, ist der Bereich der Logistik ein Schlüsselbereich im Import und Export, sowie in der Beförderung von Waren innerhalb des Landes. Die Hamburger Hafen und Logistik AG (HHLA) erzielte beispielsweise im Jahr 2010 einen Umsatz von 1,073 Millionen Euro [Ham10] und umfasst ein Hafengebiet (Land und Wasser) von über 7236 Hektar. Große internationale Firmen wie *United Parcel Service* (UPS[1]), *Federal Express* (FedEx[2]) oder DHL[3] besitzen eigene Flugzeug- und Schiffsflotten um den Frachtverkehr zu steuern. Diese Firmen bekommen ihre Waren dezentralisiert von dem Auftraggeber und haben zusätzlich noch die Aufgabe, die Abholung und Verwaltung zu koordinieren, ohne vorher exakt zu wissen, wohin die Fracht geliefert werden soll. Die Fracht wird in sogenannten Logistikzentren zusammengefasst und zentral verwaltet. Die oben genannten Firmen besitzen eigene Flug-und Wasserhäfen, welche als Logistikzentren fungieren um diese Koordination zu bewältigen. Das Verladen und Umladen an diesen zentralen Punkten verläuft immer unter Zeitdruck, da jeder Auftraggeber seine Fracht möglichst schnell ausgeliefert haben möchte. Das Problem der Zu- und Auslieferung von Waren unterteilt sich in

---

[1] www.ups.com
[2] www.fedex.com
[3] www.dhl.de

viele Optimierungsprobleme wie z.b. die Tourenplanung und das Packproblem.

Das Planen der Touren, das Packen der Fracht, die Koordination von Ressourcen sowie die Koordination der Verladung innerhalb der Logistikzentren strukturiert ein außergewöhnlich komplexes logistisches Szenario, welches in einer höchst dynamischen Umwelt stattfindet. Abhängig vom Wetter kann ein Flugzeug z.B. nicht pünktlich landen oder es ist durch Probleme am Abflugfhafen nicht pünktlich gestartet. Ein Stau auf der Straße lässt einen LKW nicht zu der erwarteten Zeit eintreffen oder die Waren sind zu groß für einen LKW, füllen aber einen zweiten nicht komplett aus. Diese, zumeist dynamisch auftretenden Probleme, lassen einen fertigen Ablaufplan immer wieder ungültig und suboptimal werden. Dennoch ist eine schnelle Reaktion auf eine Unregelmäßigkeit im Ablauf erwünscht. Ebenso sollte das Neuplanen der logistischen Abläufe möglichst schnell und effizient zu gestalten sein, da alle Betriebe in einer *Just in Time*-Umgebung arbeiten und auftretende Probleme häufig Zusatzkosten erzeugen. In der Informatik sind viele Ansätze der Tourenplanung wie z.b. der Ameisenalgorithmus [DMC96] oder Heuristiken wie Evolutionäre-Algorithmen [BFM97] oder *Tabu-Search* [Glo89] entwickelt worden um diese Probleme zu lösen. Diese Algorithmen bieten eine gute Möglichkeit ein definiertes Tourenproblem zu lösen und stellten in den 1990er Jahren effiziente Möglichkeiten zur Lösung der Optimierungsprobleme dar. Doch gerade in den hochverzweigten Logistikunternehmen sind diese, zumeist zentralen, Lösungsmechanismen zu unflexibel um die komplexen Szenarien ausreichend zu berechnen.

Als Beispiel dient der Logistikdienstleister *DHL Global Forwarding GmbH*. Die DHL besitzt 30.000 Mitarbeiter und 813 Niederlassungen in 150 Ländern, die alle miteinander vernetzt sind, um eine effiziente Lieferung zu garantieren. Die DHL nimmt, zu jeder Tageszeit, online Frachtlieferaufträge an und holt diese an jedem gewünschten globalen Standort ab um ihn zu einem anderen zu liefern. Dabei ist es absehbar, dass die Pakete nicht alle gleichzeitig am Flughafen geordnet ankommen und alle den gleichen Zielflughafen haben. Es muss folglich ein Plan entwickelt werden, wie die Fracht von Standort A zu Flughafen F gebracht werden kann, um dann wiederum mit einem Flugzeug (das möglichst nicht nur mit dieser einen Fracht allein beladen ist) zum Flughafen G gebracht zu werden. Von Flughafen G muss es nun zum Zielstandort B ausgeliefert werden, was wiederum vorhandene Ressourcen benötigt. Dieses Problem wird zeitgleich mit mehreren Frachten berechnet und zu einem gültigen Plan zusammen gemischt, welcher möglichst geringe Kosten für die DHL bringt und zeitlich am schnellsten ist. Um solche komplexen Probleme zu lösen werden Heuristiken benötigt, welche in einen Suchraum, der auch unendlich viele Lösungen beinhalten kann, möglichst effizient die beste

Lösung finden. Dies muss dezentralisierbar sein, um flexibel an jedem Standort auf mögliche dynamische Ereignisse zu reagieren.

Um die Möglichkeiten und Notwendigkeit von Heuristiken zu verstehen, wird zuerst die historische Bedeutung von Heuristiken in der Informatik betrachtet.

1.1 Bedeutung von Heuristiken in der Informatik

Moores Gesetz [Moo65] sagt eine Verdoppelung der Rechengeschwindigkeit alle 18 Monate voraus. Bis vor einigen Jahren wurde diese Regel mit Hilfe kleinerer Strukturen, höherer Taktraten und leistungsfähigerer Architekturen von Prozessoren mit einem Kern erfüllt. In den letzten Jahren sind Prozessorhersteller jedoch gezwungen, mehrere Kerne in einen Prozessor zu integrieren, um dem Anspruch der Industrie an ein ähnlich schnelles Wachstum zu entsprechen.

Auch in der Welt der Hochleistungsrechner steigt sowohl die Zahl der Kerne pro Prozessor, als auch die Anzahl an Prozessoren immer schneller an, um das Lösen von immer komplexer werdenden Aufgaben in effizienter Zeit zu ermöglichen. In der Informatik und in vielen anderen Wissenschaften, die auf computergestützte Berechnungen zurückgreifen, existieren viele Probleme, für die die Rechenleistung nie ausreichend sein kann. Eine große Familie solcher Probleme sind Optimierungsprobleme (wie sie im vorangegangenen Kapitel mit der DHL beschrieben wurden), bei denen zu einer gegebenen Bewertungsfunktion ein optimaler Wert aus einem gegebenen Suchraum gefunden werden soll. Es existieren viele Optimierungsprobleme, für die keine effizienten Lösungen bekannt sind, oder für die bewiesen wurde, dass keine effiziente Lösung existiert (z.B. alle NP-Probleme unter der Annahme P ungleich NP [Lad75]). Da die Laufzeiten teilweise schon bei sehr kleinen Probleminstanzen ineffizient für die Industrie sind, werden Heuristiken eingesetzt, die zwar nicht das Berechnen des Optimums garantieren, aber oft Werte nahe am Optimum liefern. Neben problemspezifischen Heuristiken existieren zahlreiche Metaheuristiken, die prinzipiell auf jedes Problem anwendbar sind. Zu diesen zählen z.B. die evolutionären Algorithmen [Rec73], *Simulated Anealing* [KGV83], der Metropolis Algorithmus [MRR+53], *Tabu Search* [Glo89, Glo90], genetische Algorithmen [Fra68], Ameisenalgorithmen [DMC96] und als jüngstes Mitglied dieser Familie die Partikel Schwarm Optimierung (PSO) [KE95, BK07]. PSO basiert ähnlich wie evolutionäre Algorithmen auf einer Population, jedoch bewegen sich die Partikel durch den Suchraum, anstatt sich evolutionär zu entwickeln. Die Regeln für die Bewegung der Partikel innerhalb dieser speziellen Art der Optimierung, sind abgeleitet aus Beobachtungen realer Schwärme wie Vögel- und Fischschwärme. Für viele angewandte Optimierungsprobleme benötigt die Berechnung einer Lösung einen signifikanten Rechenaufwand, z.b. wenn berechnungsintensive Strömungssimulationen benötigt werden. PSO, sowie alle anderen naturanalogen Metaheuristiken, setzen eine große Anzahl berechneter Lösungen voraus, um eine gute Lösung zu finden. Dadurch können diese Metaheuristiken auf einer größeren Lösungsbasis zurückgreifen, um neue Lösungen zu berechnen. Heuristiken und die durch intelligente Algorithmen erweiterten Metaheuristiken sind im Bereich der Künstlichen Intelligenz angesiedelt und versuchen optimale Lösungen durch Innovation und Schlussfolgerungen aus bereits berechneten Lösungen zu finden um dadurch effizienter, zu einer annehmbaren Lösung zu gelangen.

Die Steigerung der Effizienz von Metaheuristiken und das Suchen nach neuen Möglichkeiten zur effizienten Lösungsberechnung ist eine wichtige Aufgabe in der Informatik und bei Optimierungsproblemen. In dieser Arbeit werden neue Methoden zur Optimierung von bestehenden Metaheuristiken, im Speziellen die PSO, vorgestellt und entwickelt.

Es wird in diesem Zusammenhang Effizienz als der Aufwand der Berechnung und die Qualität der gefundene Lösung, die in einer bestimmten Zeit von dem Algorithmus oder der Optimierung berechnet wird, definiert. Je schneller der Algorithmus konvergiert und je höher die Güte der Lösung berechnet ist, desto höher ist die Effizienz.

Als Güte wird die Qualität der Lösung bezeichnet. Dabei ist die Lösung von hoher Güte, wenn das Ergebnis nahe der optimalen Lösung ist. Die Konvergenz eines Algorithmus beschreibt in dieser Arbeit eine mögliche Terminierung des Algorithmus. Ist eine spezielle Güte erwünscht und wird diese erreicht kann der Algorithmus ebenfalls terminieren.

1.2 Ziel der Arbeit

Die grundlegende Fragestellung dieser Arbeit ist die Möglichkeit, Optimierungsmethoden mit Agenten zu koppeln und sie dadurch automatisiert zu initialisieren und autonom zu steuern. Dabei ist zum einen das kooperative Berechnen einer Lösung durch Agenten-gesteuerte Metaheuristiken eine wichtige Frage, die es zu lösen gilt. Zum anderen die autonome Adaption und Konfiguration von Metaheu-

1.2 Ziel der Arbeit

ristiken durch einen Agenten auf beliebige Problemfunktionen. Lösungen für die aufgeworfenen Fragen sollen ein Ergebnis präsentieren, durch das ein Grundstein geschaffen wird, selbstkonfigurierende verteilte Metaheuristiken für z.B. komplexe dynamische logistische Problemstellungen im industriellen Umfeld zu nutzen.

Das Ziel dieser Arbeit ist es Lösungen zu den genannten Fragen zu entwickeln. Dazu werden naturanaloge Metaheuristiken, im Speziellen die Partikel Schwarm Optimierung (PSO), analysiert und Möglichkeiten konzipiert, die den Optimierungsverlauf autonom anpassen und verbessern, sodass eine Lösung höherer Güte in effizienter Zeit gefunden wird. Die Autonomie soll dabei durch Agenten realisiert werden, welche durch ihre Möglichkeiten der Entscheidungsfindung eine Schnittstelle bieten, die Optimierung zu steuern und zu lenken und dabei auf äußere Einflüsse zu reagieren und diese zu integrieren. Des Weiteren bietet die Agententechnologie die Möglichkeit, dezentral zu agieren und Optimierungsprobleme in großen Netzwerken verteilt zu lösen.

Dieses Ziel soll erreicht werden, indem auf Basis der Analyse von PSO, einzelne strukturelle Komponenten dieser Metaheuristik betrachtet und Verbesserungsmöglichkeiten herausgearbeitet werden, welche abschließend zusammengefügt und innerhalb eines Agenten-Systems integriert werden. Jede einzelne Komponente der Metaheuristik wird mit der Verbesserung gegen die Original-Metaheuristik evaluiert, um somit den Erkenntnisgewinn zu verdeutlichen. Die verwendeten Verbesserungen basieren zum einen auf bestehenden Ansätzen, zum anderen werden sie als neue Konzepte vorgestellt und evaluiert. Durch den empirischen Aufbau dieser Arbeit werden alle entwickelten Erweiterungen und Lösungen detailliert beschrieben und getestet, um dadurch den logischen Zusammenhang der einzelnen Erweiterungen deutlich zu machen und die Ergebnisse gegen den aktuellen Stand der PSO abzugrenzen.

Die Arbeit gliedert sich in fünf Abschnitte auf. Angrenzend an diese Einleitung ist in Abschnitt II die wissenschaftliche Eingliederung aufgearbeitet, in der bestehende Ansätze diskutiert werden. Des Weiteren wird in die zu Grunde liegenden Teilbereiche der Informatik eingeführt. Dabei wird zuerst in Kapitel 2 ein Einblick in die Künstliche Intelligenz gegeben, und es werden bestehende Ansätze zur Agententechnologie und Optimierungen sowie die Grundarten der Metaheuristiken beschrieben. In Kapitel 3 wird der aktuelle Stand der Forschung für diese Arbeit aufgezeigt und dabei ein deutlicher Fokus auf die naturanalogen Metaheuristiken sowie auf die PSO gelegt. Im folgenden Abschnitt III wird dann die aktuelle Arbeit vorgestellt und dabei die kontrollierte Schwarm Optimierung beschrieben (siehe Kapitel 4). Des Weiteren werden die verschiedenen Optimierungen für Metaheuristiken vorgestellt. Abschnitt IV diskutiert dann die empirische Evaluierung des Konzeptes und abschließend wird im letzten Abschnitt V die gesamte Arbeit zusammengefasst und des Ergebniss diskutiert.

Teil II

Wissenschaftliche Einordnung der Arbeit

2 Künstliche Intelligenz und Optimierung

Naturanaloge Metaheuristiken oder Algorithmen als Optimierungsmethoden gehören zu einem Teil in den Bereich der Künstlichen Intelligenz zum anderen auch in den Bereich des *Operation Research* und der *Biomimicry/Schwarmintelligenz* (siehe Abbildung 2.1). Naturanaloge Algorithmen basieren u.a. auf der Verhaltensabbildung von Tieren (Tierschwärmen) und versuchen die Technik der Natur zu nutzen, um Probleme zu lösen. Des Weiteren ist der Bereich des *Operation Research* da, um Optimierungsmethoden bei Problemen in komplexen Szenarien (z.B. der Logistik) zu entwickeln und effizienter zu gestalten. Aber auch in der Verteilten Künstlichen Intelligenz und dem Teilbereich der Agenten finden sich naturanaloge Algorithmen wieder, welche genutzt werden, um Entscheidungen für rationales Verhalten zu finden. Um diese Einordnung zu erläutern ist eine Definition von den genannten Begriffen notwendig.

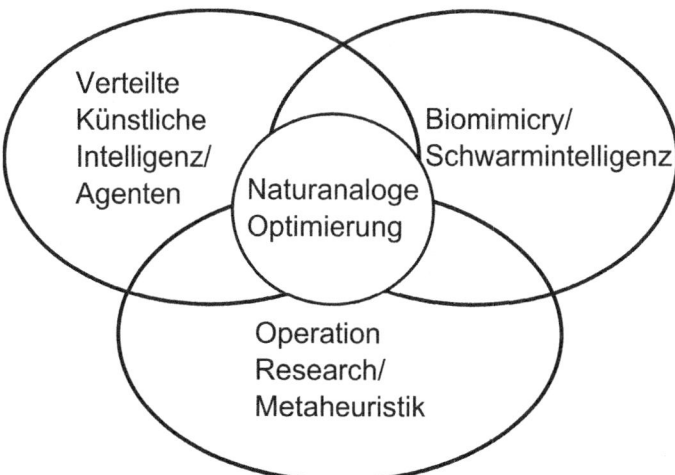

Abbildung 2.1: Einordnung der naturanalogen Optimierung in wissenschaftliche Bereiche.

2.1 Künstliche Intelligenz

Eine genaue Definition von Künstlicher Intelligenz zu finden stellt sich als schwierig dar, da dazu eine genaue Definition von Intelligenz voran gestellt sein muss. 1923 hat der Psychologe E.G. Boring folgende Definition von Intelligenz beschrieben, welche in [DPJ10] aufgegriffen wurde: *„Intelligence is what the tests test"* und beschreibt damit die Grundsätze des heutigen IQ-Tests. Diese Definition ist aber zu einfach, da Intelligenz nicht nur das Lösen von Aufgaben beinhaltet. Das Lösen von Aufgaben basiert zum größten Teil auf Wissen, welches erlernt werden kann und somit den Test verfälscht. Selbst Kombinatorik kann trainiert werden und somit wird eine Person bei einem zweiten Test besser abschneiden. Je nach Zeitpunkt des IQ-Tests kann dieser bei derselben Person anders ausfallen; aber ist die Person dann intelligenter? Eine breitere Definition von Intelligenz wurde von 52 prominenten Intelligenzforschern [Got97] definiert und bildet den Ausgang für die Definition der Künstlichen Intelligenz in dieser Arbeit:

> „Intelligence is a very general capability that, among other things, involves the ability to reason, plan, solve problems, think abstractly, comprehend complex ideas, learn quickly and learn from experience. It is not merely book learning, a narrow academic skill, or test taking smarts. Rather, it reflects a broader and deeper capability for comprehending our surroundings—*catching on*, *making sense* of things, or *figuring out* what to do. Intelligence, so defined, can be measured, and intelligence tests measure it well."

Diese Definition beschreibt die Fähigkeiten von Personen etwas zu lernen oder Probleme zu lösen. Die Intelligenz von Lebewesen ist aber nicht die Art der Problemlösung, sondern vielmehr die Fähigkeit eine „Art der Problemlösung" zu finden. Die Definition der Künstlichen Intelligenz ist neben der biologischen und Informations-technischen Seite auch eine philosophische Frage. Ist der Mensch in der Lage eine Intelligenz zu erschaffen, die anders ist als die eigene? Ist es möglich, eine andere Form von Leben zu erschaffen und ist eine Künstliche Intelligenz überhaupt eine Lebensform und welche Rechte gelten bei ihr. Wenn ich ein Programm mit einer Künstlicher Intelligenz beende, töte ich damit eine Lebensform? Diese Fragen werden immer noch diskutiert und es gibt noch keine einstimmige Lösung, jedoch sind die wichtige Fragestellungen, die weiterhin verfolgt werden müssen.

Die Forschung an der Künstlichen Intelligenz startete 1956 und teilt sich in vier Kategorien von Definitionen auf [RN03]. Künstliche Intelligenz ist:

2.1 Künstliche Intelligenz 13

1. Ein System, das wie ein Mensch denkt.
2. Ein System, das wie ein Mensch agiert.
3. Ein System, das rational denkt.
4. Ein System, das rational handelt.

Jeder dieser Punkte beschreibt eine bestimmte Definition von Künstlicher Intelligenz, allerdings müssen, um eine genaue Definition zu entwickeln, wohl alle Punkte zusammengefasst und vereint werden. Menschliches Handeln und Denken basiert zum Teil ebenfalls auf rationalen Entscheidungen, somit ist die Künstliche Intelligenz ein Befolgen von Regeln und logischen Schlüssen kombiniert mit der Wahrscheinlichkeit, die den „menschlichen" Faktor involviert und somit indeterministisch macht. Wobei dabei diskutiert werden könnte, ob sich Kognition und Rationalität in der Entscheidungsfindung nicht gegenseitig blockieren oder ob sie ein notwendiges Mittel sind [Rou05].

Die entscheidenden Eigenschaften zur Beschreibung einer Künstlichen Intelligenz sind:

- Rationales Handeln
- Logisches Schlussfolgern
- Kognitives Verhalten
- Emergenz
- Entscheidungsfähigkeit.

Nach der Kombination dieser Eigenschaften mit der oben aufgeführten Definition von Intelligenz kann ein Programm als Künstliche Intelligenz bezeichnet werden, wenn es in der Lage ist eigenständig Schlüsse zu ziehen oder Entscheidungen zu treffen, die ein rationales Verhalten zur Folge haben, welches vorher nicht definiert worden ist.

Agenten

Eine Überleitung von der biologischen Intelligenz zu dem Teilbereich der Agenten bot 1986 Marvin Minsky, indem er komplexe Vorgänge im Gehirn als sogenannte Agenten bezeichnete. Damals warf er folgende Fragen zu diesen Agenten auf: Wie arbeiten diese Agenten und woraus sind sie gemacht? Wie kommunizieren sie miteinander, woher kommen sie und sind sie alle gleich? Wie können ihre Eigenschaften verbessert werden und wie ist ihr Charakter? Sind sie uns unterstellt oder haben sie ein Selbstempfinden? Verstehen sie alles was sie tun und empfinden etwas dabei? Versuchen sie zusammen zu arbeiten und haben sie einen Überlebenswillen? Diese Fragen sind eher philosophischer Natur und haben wenig mit dem Bereich der Agentenforschung innerhalb der Künstlichen Intelligenz zu tun, sondern stellen nur die Begrifflichkeit der Agenten in direkten Zusammenhang mit der Intelligenz. In dem Bereich der Künstlichen Intelligenz (KI) haben 1990 Allen Newell und John Laird die erste komplette Beschreibung eines Agenten geliefert. Dieses Softwarekonstrukt besaß Fähigkeiten, die bis zum jetzigen Zeitpunkt maßgeblich die Forschung der KI beeinflusst und die Wissenschaft der Agenten und Multi-Agentensysteme geprägt hat. Agenten sind eng verzweigt mit der Künstlichen Intelligenz, da sie die Grundeigenschaften (u.a. rationales Handeln und Entscheidungsfähigkeit) der Definition für Künstliche Intelligenz anhand ihrer selbstorganisatorischen Fähigkeiten theoretisch besitzen und somit ein Bindeglied zwischen der Informatik und der Psychologie/Philosophie im Bereich der Intelligenzforschung bilden können.

Die Bedeutung von autonomen und selbstorganisierenden Systemen und Agenten hat in den letzten Jahren erheblich zugenommen. Die Entwicklung dieser Systeme wird u.a. aus zwei unterschiedlichen Richtungen vorangetrieben: Auf der einen Seite werden in der Künstlichen Intelligenz Systeme untersucht, die über eigene Schlussfolgerungsmechanismen verfügen und durch eine Trennung von Programmcode und Wissensrepräsentation auf identische Eingaben mit unterschiedlichen Aktionen reagieren können. Dieses bezieht sich jedoch nur auf die Betrachtung des externen Zustands und der Eingabesequenz. Bei Einbeziehung des internen Zustands würde das entsprechende Verhalten wieder deterministisch erscheinen. Auf der anderen Seite werden biologische Systeme untersucht, auf deren Basis neue technische Systeme entwickelt werden sollen. Zu diesen Systemen gehören Neuronale Netze und Schwärme. Hier ist das Besondere, dass komplexes Verhalten durch das Zusammenspiel einfacher Verhaltensweisen entsteht. Softwareagenten (weiterhin auch nur als Agenten bezeichnet) werden von Wooldridge als gekapseltes Computersystem definiert, das in einer Umgebung eingegliedert wird und die Fähigkeit besitzt flexible autonome Aktionen auszuführen, die es erlauben, ein definiertes Ziel zu erreichen [Woo09]. Zusammenfassend kann gesagt werden, dass ein Agent folgende Eigenschaften besitzt:

2.1 Künstliche Intelligenz

- *autonom:*
  Es wird kein Eingriff in den Handlungsablauf von außerhalb benötigt, um den Agenten korrekt zu steuern.

- *proaktiv:*
  Der Agent entscheidet selbständig, welche Aktionen er ausführt ohne dabei einen externen Stimulus zu benötigen.

- *reaktiv:*
  Verändert sich die Umwelt, kann der Agent darauf reagieren.

- *robust:*
  Bei äußeren Störeinflüssen ist der Agent trotzdem in der Lage seine Aufgabe auszuführen.

- *adaptiv:*
  Der Agent kann seine eigenen Einstellungen/Ziele anpassen und dadurch weiterhin effizient in der veränderten Umgebung arbeiten, wenn sich sein Umfeld von dem erwarteten Zustand differenziert.

- *kognitiv:*
  Anhand von Beobachtungen und erfolgreichen Aktionen lernt der Agent und verbessert seine Fähigkeiten. Diese beziehen sich jedoch nur auf die Ausführung einer Aktion in identischer Umgebung und lässt die gewählte Aktion effizienter werden.

- *sozial:*
  Der Austausch von Informationen zwischen Agenten wird im Englischen als *social factor* bezeichnet. Dies kann auch mit dem Austausch von Absichten oder von Fähigkeiten gleichgesetzt werden.

Die Kombination dieser Eigenschaften ist ein Softwaresystem, ein kompletter Agent, der nach der vorangegangenen Definition für Künstliche Intelligenz mit Vorbehalt als intelligent bezeichnet werden kann. Verallgemeinert durch Russel und Norvig [RN03] wird ein Agent als ein Softwaresystem dargestellt, das die Umwelt, in der es agiert, sensorisch wahrnimmt und diese auch durch Aktionen verändern kann (siehe Abbildung 2.2). Als Umwelt wird die Umgebung bezeichnet, in welcher das Agentenprogramm ausgeführt wird. Dies ist entweder eine simulierte Umgebung innerhalb eines anderen Programms oder aber auch die echte Umwelt, wie der Mensch sie wahrnimmt. Im letzteren Fall werden Agenten auch mit einem Roboter verglichen. Ein Roboter entspricht vom Aufbau her dem eines

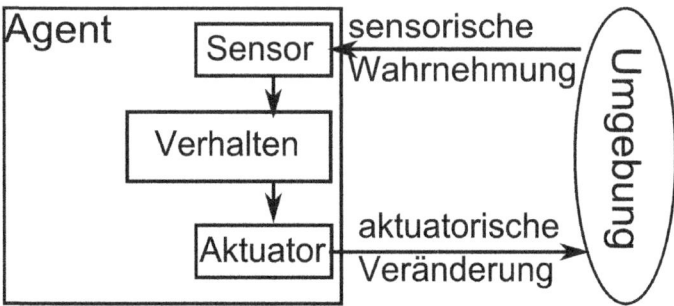

Abbildung 2.2: Einfache Agenten-Struktur mit sensorischen und aktuatorischen Möglichkeiten.

Softwareagenten mit der Erweiterung, das er einen physischen Körper besitzt und somit nicht als reiner Softwareagent fungieren[1] kann. Die Umgebung wird dann durch reale Sensoren wahrgenommen. Für die interne Repräsentation des Agenten macht dies allerdings keine Unterschiede[2]. Eine mögliche Umsetzung eines autonomen Agenten, welcher in der Lage ist, Probleme zu lösen und dabei keine weiteren Hilfestellungen bei der Lösung des Problems benötigt, ist durch eine *Belief-Desire-Intention*-Struktur (BDI) umgesetzt. Unter BDI wird ein Zyklus beschrieben, den das Agentenprogramm immer wieder durchläuft und mit dessen Hilfe der Agent seine nächsten Schritte berechnet. Es ist den menschlichen mentalen Verhalten nachempfunden [Bra87] und wurde von Rao und Georgeff dann an die Informatik angepasst [RG95]. Wooldrige [Woo09] beschreibt den groben Agentenzyklus als *perceive-next-do*-Zyklus, in dem die BDI-Struktur innerhalb des *next*-Schrittes eingegliedert ist. Dieser Agentenzyklus wurde von Scholz et. al intensiver ausgearbeitet [STH06] und kann wie folgt beschrieben werden. Unter *perceive* wird die sensorische Wahrnehmung der Umgebung verstanden, während der *do*-Schritt die Ausführung und die Interaktion mit der Umwelt durch die Aktuatoren ist. *Next* beschreibt dabei den Übergang von der Wahrnehmung hin zur Ausführung des nächsten Schrittes und ist damit die „Künstliche Intelligenz" innerhalb des Agenten. Der Agent verarbeitet dabei die Wahrnehmung und die Umgebung und versucht, abhängig von der Intention und seines aktuellen Ziels, die rational beste Aktion für den nächsten Schritt zu berechnen.

---

[1] Technisch ist dies aber möglich.
[2] Es muss allerdings beachtet werden, dass die reale Umwelt viel komplexer wahrzunehmen und nicht endlich und gekapselt ist, wie es in simulierten endlichen oder abstrahierten Umgebungen der Fall ist.

2.1 Künstliche Intelligenz

Rao und Georgeff [RG95] beschreiben erstmals BDI dadurch, dass jeder Agent einen gewissen Aufgabenbereich, wofür er programmiert und eingesetzt wird, besitzt. In diesem Bereich verfolgt er ein Ziel, welches er anhand seiner Fähigkeiten möglichst effizient erreicht. Die BDI-Struktur hilft dabei dieses Ziel zu erreichen, indem sie dem Agenten die Fähigkeit verleiht, den Weg systematisch zu durchdenken. Dabei wird BDI wie folgt definiert:

- *Belief* (internes Weltbild):
  In diesem Bereich wird die Wahrnehmung verarbeitet und als Wissen über die Umwelt gespeichert. Auch der interne Zustand des Agenten wird in einer Wissensbasis abgelegt und somit zur weiteren Verwendung aufbereitet.

- *Desire* (Ziele):
  Jeder Agent verfolgt ein übergeordnetes großes Ziel, welches in eine Reihe von Teilzielen zerlegt werden kann. Alle Ziele werden in diesem Bereich abgelegt und der Agent kann, basierend auf der Wahrnehmung, entscheiden, welches Ziel in den nächsten Schritten verfolgt wird.

- *Intention* (Absicht):
  Die Absicht ist der konkrete Übergang vom aktuellen Zustand zum Ziel. Hier hat der Agent mögliche Aktionsfolgen oder Pläne[3] vorberechnet/ vorliegen, die bestimmte Aktionen enthalten mit denen er die Umwelt soweit verändern kann, dass aus dem aktuellen Weltzustand, das aktuell verfolgte Ziel erreicht wird. Aus diesen Aktionsfolgen wird dann die Aktion ausgewählt und ausgeführt, welche dem Agenten den effizientesten Schritt zum Ziel näher bringt.

Agenten treten häufig (z.B. in simulierten Auktionshäusern wie eBay) nicht alleine auf. Agieren mehrere Agenten innerhalb eines Systems zusammen und agieren sie erweiternd noch untereinander, wird von einem *Multi-Agentensystem* gesprochen. Dieses wird in den Forschungsbereich Verteilte Künstliche Intelligenz (VKI) eingegliedert, da ein Agent als „intelligent" bezeichnet wird, wobei dies im Bezug zur voran beschriebenen Diskussion über Künstliche Intelligenz weiterhin kritisch betrachtet werden sollte.

---

[3] Als Plan wird eine Folge von Aktionen verstanden, wobei jede Aktion einen aktuellen Zustand der Welt in einen nächsten Zustand überführt. Dabei wird die Aktion häufig durch eine Interaktion mit der Umwelt vom Agenten ausgeführt.

2.2 Verteilte Künstliche Intelligenz

Die Verteilte Künstliche Intelligenz (VKI) beschreibt einen Wissensbereich der Informatik, in dem versucht wird, komplexe Mechanismen zu entwickeln, welche verteilte Systeme kooperativ und konkurrierend zusammenarbeiten lässt. Dabei kann jedes System intelligent sein (Agent), die Intelligenz kann aber auch erst durch Zusammenarbeit der einzelnen Systeme entstehen. Ersteres wird durch ein Multi-Agentensystem umgesetzt, in dem mehrere Agenten zusammen an der Lösung eines Problems arbeiten. Durch ihre soziale Eigenschaft sind Agentensysteme in der Lage untereinander zu kommunizieren und sich zu unterstützen aber auch zu konkurrieren. Dabei kann z.b. gemeinsam ein Problem gelöst werden, indem zwei Agenten ihre Fähigkeiten in ergänzender Weise nutzen (z.b. löst ein Multiplikationsagent die Formel mit der Multiplikation, während ein Additionsagent die Addition in einer Additionsaufgabe auflöst) oder um eine Ware in konkurrierender Weise verhandelt werden. Zusammenfassend spiegelt ein Multi-Agentensystem ein selbstorganisierendes System wider, welches tendenzielle emergente Eigenschaften besitzt.

Entsteht das intelligente Verhalten erst durch die Zusammenarbeit der Systeme, kann von kollektiver Intelligenz gesprochen werden. Diese wird in dem Bereich der Schwarmintelligenz aufgefangen, welche als Vorbild die naturanalogen Algorithmen besitzt. Die Schwarmintelligenz zeichnet sich durch ihr emergentes Verhalten aus, allerdings ist auch die Selbstorganisation innerhalb des Schwarms nicht geringfügig, da ein Schwarm aus mehr als einer Einheit besteht.

2.2.1 Selbstorganisation und Emergenz

Als selbstorganisierende Systeme werden häufig Systeme bezeichnet, die aus vielen Einheiten mit zumeist einfachem Verhalten bestehen und dennoch auf kollektiver Ebene komplexe Problemlösungen realisieren. Giovanna di Marzo Serugendo et al. definieren zwei Arten von selbstorganisierenden Systemen [DMSGK05]:

1. Starke selbstorganisierende Systeme

2. Schwache selbstorganisierende Systeme.

Erstere sind Systeme, die keine explizite zentrale interne oder externe Kontrolle besitzen und letztere beschreiben Systeme, die mit Hilfe einer zentralen Instanz sich reorganisieren können. Als ein Beispiel aus der Schwarmintelligenz seien hier die Termiten genannt, die selbstorganisiert arbeiten, jedoch durch die Königin, die

2.2 Verteilte Künstliche Intelligenz

einen groben Plan erstellt, reorganisiert werden können.

Die beiden wesentlichen Eigenschaften, die sowohl den intelligenten Agenten, der Schwarmintelligenz und den selbstorganisierenden Systemen zugeschrieben werden, sind Autonomie und Emergenz. Hierbei bezeichnet Autonomie „Entscheidungsfreiheit" auf lokaler und Emergenz das resultierende Verhalten auf globaler Ebene. Agenten und selbstorganisierende Systeme werden insbesondere in solchen Anwendungen eingesetzt, in denen die Komplexität der Aufgabe und die Dynamik der Umgebung einer vorprogrammierten Verhaltensweise nicht adäquat sind. Die Form der Entscheidungsfindung unterscheidet sich dabei signifikant zwischen „konventionellen" selbstorganisierenden Systemen und Agenten. Selbstorganisierende Systeme erreichen ihr autonomes Verhalten durch die Verfolgung einfacher Verhaltensweisen wie Instinkte, Reaktion die bei Reizen ausgeführt werden o.ä. Bei Agenten hingegen wird vorausgesetzt, dass diese über Ziele verfügen (vgl. [KJ99]).

Die Autonomie und die Intelligenz wird im Bereich der VKI breit diskutiert. In Anlehnung an die o.a. Definition von Michael Wooldridge [Woo09], können intelligente Software-Systeme durch drei Eigenschaften definiert werden: Pro-Aktivität, Interaktion und Emergenz [Tim06]. Dabei ist zu beachten, dass simple Reflexbasierte Agenten oder die Schwarmintelligenz dabei nicht zwingend alle diese drei Eigenschaften besitzen müssen, dennoch aber als intelligent bezeichnet werden.

Pro-Aktivität ist wie o.a. die Fähigkeit eines Akteurs bzw. Subsystems, nicht nur auf der Basis von Eingaben reagieren zu können, sondern auch selbstständig ein Verhalten zu initiieren. Die einzelnen Subsysteme sollten in der Lage sein, sich zu koordinieren, was nach Ferber [Fer98] voraussetzt, dass es in der Interaktion von Akteuren einen gewissen „Spielraum" gibt; dieses ist auf Systemebene die vergleichbare Eigenschaft zu der Autonomie auf Akteursebene.

Das Besondere der Schwarmintelligenz ist, dass ihr wie selbstorganisierenden Systemen oder Multi-Agentensystemen die Eigenschaft Emergenz zugesprochen werden kann. Hierunter wird verstanden, dass das System auf seiner Makro-Ebene Eigenschaften aufweist, die nicht Teile des individuellen Profils der Agenten darstellen. Einfach gesagt: Das gesamte System ist mehr als die Summe seiner Teile, d.h. durch die lokale Interaktion der Subsysteme erfolgt auf der Makro-Ebene des Systems ein Verhalten, welches im Vorfeld nicht determiniert ist, aber als vorteilhaft erscheint, was im Idealfall auch nachgewiesen werden kann. Der Begriff der positiven Emergenz wird in vielen Forschungsarbeiten von den Autoren metaphorisch benutzt. Im Bereich der VKI werden im Wesentlichen drei Varianten von Emergenz unterschieden (vgl.[TKTG07]):

- Als *Emergent Properties* definiert z.b. Axelrod [Axe97] Emergenz als das Erscheinen von Eigenschaften, die als globale Effekte von lokal interagierenden Agenten auftreten („Emergent properties are often surprising because it can be hard to anticipate the full consequences of even simple forms of interaction" [Axe97].

- Ferber [Fer98] fokussiert auf die Auswirkungen in der internen Organisation von Agentensystemen und definiert *Emergent Organization* als eine dynamische Organisation, die durch lokale Interaktion dynamisch realisiert wird.

- Weiterführend ist die Formulierung von Wooldridge[Woo09], die das Auftreten von intelligenten Verhalten durch Interaktion von zahlreichen einfachen Verhalten diskutiert (*Emergent Intelligence*).

Die hier angeführten Definitionen von Emergenz sind für ihre softwaretechnische Realisation auf eine effiziente, adaptive Kommunikation von lokalen, autonomen Entscheidungssystemen angewiesen. In Forschungsarbeiten werden unterschiedliche Grade der Autonomie von Softwareagenten betrachtet (vgl. u.a. [RW05][MP99][Mül96]). Castelfranchi et al. [CCC92] diskutieren insbesondere in ihren frühen Arbeiten einen sehr hohen Grad der Autonomie von Softwareagenten, durch den der Einfluss von vorgegebenen Normen, Verhaltensweisen und Prozeduren als irrelevant für die Aktionsauswahl festgelegt wird.

Nickles et al. [NRW04] nähern sich dem Begriff der Autonomie durch die Differenzierung einer externen von einer internen Sicht sowie durch die Identifikation unterschiedlicher Verhaltensperspektiven innerhalb der beiden Sichten. Eine andere Herangehensweise an die strukturierte Differenzierung von Autonomie folgt der Betrachtung der Umgebung, in der ein System eingesetzt wird bzw. werden soll. Hierbei werden unterschiedliche Ebenen der Entscheidungsfindung in Analogie zu Ansätzen in den Wirtschaftswissenschaften und der Systemtheorie mit den Begriffen Operation, Taktik und Strategie differenziert (vgl. [HBK93], [Küp95]). Werden diese Ansätze zusammengeführt, ergeben sich für die Klassifizierung von Autonomie vier Ebenen (*levels of autonomy* - LoA), die von streng regulierten über operativ autonomen, taktisch autonomen bis strategisch autonomen Systemen reichen [Tim06]. Die Zusicherung von Eigenschaften, die durch Emergenz oder Autonomie bezeichnet werden, ist eine Herausforderung in dem Software-Engineering von selbstorganisierenden Systemen oder intelligenten Agenten [TS08], da diese

2.2 Verteilte Künstliche Intelligenz

Eigenschaften durch Interaktion oder durch von außen beobachtetes scheinbar indeterministisches Verhalten verursacht werden.

In dem Fachgebiet der Verteilten Künstlichen Intelligenz hat konsequenterweise in den letzten Jahren zunehmend die Betrachtung des *Engineering Process* von Multi-Agentensystemen an Bedeutung gewonnen. Ähnliches gilt für den Bereich des *Organic Computings*, in dem das *Engineering* von selbstorganisierenden Systemen im Vordergrund steht. Auch auf Tagungen wie der *Self-Organizing and Autonomous Systems Conference (SOAS)* ist eine deutliche Fokussierung auf das *Engineering* und Anwendungen zu beobachten. Dieses zeigt sich auch bei Tagungen für Selbstorganisation (SIWN World Congress), die z.b. in 2009 in Kombination mit *Software-Engineering* Tagungen durchgeführt werden (SABRE, ehemals NetObjectDays). Eine im Rahmen der SOAS Tagung 2005 ausgezeichnete wissenschaftliche Arbeit beschäftigt sich z.b. mit der Frage, wie ein emergentes Verhalten entworfen werden kann [WH05]. Hierbei wird davon ausgegangen, dass ein emergentes Verhalten kein zufälliges Ergebnis sein darf, sondern detailliert geplant werden muss. In [TSK06] wird unter Berücksichtigung der speziellen Anforderungen an das Software-Engineering von flexiblen Multi-Agentensystemen ein abstrakter Prozess definiert, der insbesondere die beiden Schritte Entwurf von Interaktion und Architektur sowie Spezifikation von Semantik und Verlässlichkeit beinhaltet. Für die Emergenz stellt der Aspekt des Interaktionsentwurfs einen wesentlichen Prozessschritt dar [KST$^+$06]. Die Spezifikation der Koordination orientiert sich dabei im Wesentlichen an der Aufgabe, die durch das Multi-Agentensystem zu lösen ist. Gängige Ansätze basieren entweder auf spiel- oder entscheidungstheoretischen Modellen [San99, RZ94] oder auf verhandlungsbasierten Ansätzen, die z.T. einen logischen Schlussfolgerungsprozess verteilt nachzeichnen. Ein wesentlicher Unterschied zwischen selbstorganisierenden Systemen im Allgemeinen und Agentensystemen im Speziellen findet sich in dem Entwurf der einzelnen Entitäten. Im Bereich der Agentensysteme ist es notwendig, neben der klassischen softwaretechnischen Vorgehensweise auch die Entwicklung von Wissen zu verfolgen (z.B. [Gla02, IGCGV98]).

Einen integrierten Ansatz bieten diverse im Rahmen der Multi-Agentensystem-Forschung entwickelten Vorgehensmodelle (vgl. [WJ05]), wie GAIA [WJK00], oder Tropod [CKM02]. Tianfield et al. fassen die Entwicklung der Multi-Agentensysteme zusammen und beschreiben wie sie interdisziplinär genutzt werden [TU05]. Zum einen wird das System der Multiagentensysteme aufgebrochen und nicht mehr als abgeschlossenes System betrachtet. Hierzu dient das *Grid computing*, das es ermöglicht *large-scale* Agenten-Systeme aufzubauen, da die Rechenkraft nicht mehr durch einzelne Ressourcen eingeschränkt wird [Tia05]. Problem bei einer steigenden Anzahl von Agenten ist die Kommunikation. Ab einer gewissen Anzahl an Agenten überwiegt die Zeit der Kommunikation gegenüber der Rechenzeit für das Problem.

2.2.2 Koordination und Kooperation

Im Zusammenhang der Selbstorganisation in Multiagentensystemen können Agenten zusammenarbeiten oder aber als Konkurrenten auftreten. Nick Jennings [Jen93] formuliert folgende Hypthese:

„All coordination mechanisms can ultimately be reduced to (joint) commitments and their associated (social) conventions."

Dies beschreibt, dass Koordination eine Absprache zwischen mehreren Agenten ist, welche entweder gemeinsam entschieden oder durch einen Einzelnen bestimmt wurde. Koordination bewirkt, dass verschiedene Agenten zusammen ein gleiches Ziel verfolgen und sich ergänzen. Dabei geschieht der Austausch über die Kommunikation der Agenten. Der Hauptbestandteil dabei ist es die verschiedenen Ziele der einzelnen Agenten soweit zu kombinieren, dass ein gemeinsames Ziel resultiert. Kann eine Aktion nicht von einem Agenten allein bewältigt werden, koordiniert er sich mit einem zweiten Agenten, um kooperativ das Ziel zu erreichen. Als Beispiel dient ein linear zu berechnendes Problem in einem diskreten Suchraum von $[0-n]$, welches in einer bestimmten Zeit t berechnet werden soll. Ein Agent allein würde $2t$ brauchen um jeden Punkt in n zu berechnen. Kooperiert er mit einem zweiten Agenten, kann der Suchraum im Idealfall auf jeden Agenten gleich verteilt werden und somit jeweils $\frac{n}{2}$ groß sein. Dadurch beschränkt sich die Berechnungszeit der einzelnen Agenten auf t und das Ziel ist durch Kooperation erreicht. Probleme bei der kooperierenden Zusammenarbeit sind allerdings die Kommunikationsaufwände welche nötig sind, um die Kooperation zwischen den Agenten zu koordinieren. Dadurch kann z.B. ein *Overhead* bei der Zusammenführung der Teilergebnisse oder bei der Koordination der Suche entstehen und somit den Berechnungsaufwand wieder steigern.

Um eine Kooperation auszuführen, muss ein Agent davon überzeugt sein, dass er sein Ziel nur durch Hilfe eines anderen Agenten erreichen kann, er muss zudem wissen, dass ein anderer Agent die Fähigkeit besitzt ihn zu unterstützen und diesen dann davon überzeugen, sein eigenes aktuelles Ziel aufzugeben und das kooperative Ziel zu verfolgen. [Woo00]. Jennings et al. [DFJN97] haben 1997 eine Typologie der Kooperationsarten in Multi-Agentensystemen aufgestellt (siehe Abb.

2.2 Verteilte Künstliche Intelligenz

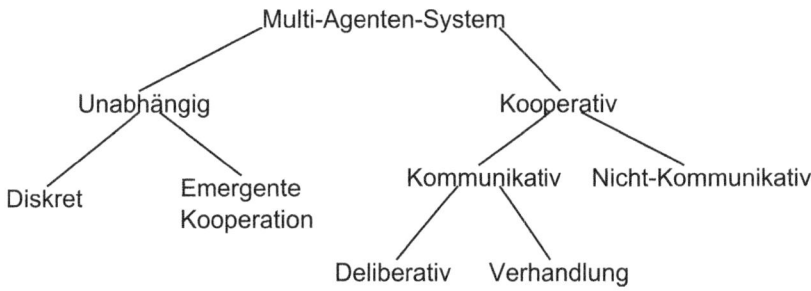

Abbildung 2.3: Typologie von Kooperation nach Jennings ([DFJN97]).

2.3). Dabei unterscheiden sie zwischen unabhängigem und kooperativem Verhalten. Unabhängigkeit beschreibt Agenten, die ihre eigenen Ziele haben und keine Ziele verfolgen, die andere Agenten betreffen. Des Weiteren wird dabei zwischen diskreter und emergenter Unabhängigkeit unterschieden. Diskrete Unabhängigkeit beschreibt dabei einen Agenten der sein Ziel verfolgt ohne dabei andere Ziele von Agenten zu beeinflussen oder Kontakt aufzunehmen. Im Gegensatz dazu ist die emergente Kooperation ein Zusammenarbeiten von Agenten, auch wenn es durch ihre jeweiligen Ziele nicht notwendig ist. Das Gegenteil von unabhängiger Kooperation ist die Kooperation, welche in den Zielen der Agenten voraussetzt mit anderen Agenten zu kooperieren. Hierbei wird zwischen kommunikativer und nicht-kommunikativer Kooperation unterschieden. Findet ein Austausch von Signalen (ob über eine Kommunikationssprache oder über andere sensorisch wahrnehmbare direkte Kommunikation) statt, ist die Kooperation kommunikativ, andernfalls muss die Kooperation durch Beobachtung von Verhalten ausgeführt und abgestimmt werden und ist damit nicht kommunikativ. Die kommunikative Kooperation teilt sich weiter auf in eine deliberative kommunikative Kooperation und in eine Verhandlung. Der Unterschied dabei ist, ob die Agenten sich koordinieren und zusammenarbeiten oder ob sie in Konkurrenz treten.

Anders als gemeinsam etwas zu erreichen, können auch verschiedene Agenten, zum Beispiel aus verschiedenen Firmen, gleiche Ziele haben. Ist dies der Fall und die Ziele nur begrenzt erreichbar (z.B. nur ein Produkt vorhanden), müssen die Agenten um ihr Ziel konkurrieren.

2.2.3 Konkurrenz

Konkurrenz entsteht nach der Einteilung von Jennings et al. (siehe Abb. 2.3) durch eine Kooperation mit Verhandlungen. Konkurrierende Agenten sind dabei nicht nur in der Wirtschaft zu finden, sondern auch im spielerischen Bereich wie z.b. dem *RoboCup*[4]. Dabei treten zwei Gruppen von mehreren Agenten in eine konkurrierende Situation. Jede Gruppe besitzt also die gleichen Ziele und versucht diese zu erreichen. Durch das Erreichen des eigenen Ziels wird allerdings das Erreichen des Ziels der gegnerischen Gruppe verhindert. Diese Situation ist im Gegensatz zur Kooperation, komplett anders, da Strategien und Verhalten des anderen Agenten beobachtet, verstanden und gedeutet werden müssen, ohne dabei konkretes Wissen über diese Agenten zu besitzen. Konkurrierende Situationen sind z.b. bei Verhandlungen oder Auktionen zu finden. Bei Auktionen bieten verschiedene Agenten um ein Produkt und versuchen es möglichst günstig zu ersteigern, während bei Verhandlungen ein Mittelmaß gefunden werden sollte, welches beide Parteien zufrieden stellt.

Konkurrenz darf nicht nur negativ für Agenten gesehen werden. Als Beispiel kann die optimale Ressourcennutzung dienen. Eine Firma besitzt eine Fabrik mit zwei oder mehr Maschinen, welche alle die gleichen Artikel verpacken und möchte möglichst ohne Stillstand so schnell wie möglich alle Artikel verpackt haben. Des Weiteren werden diese Maschinen durch Agenten repräsentiert, welche alle das Ziel haben möglichst viele Artikel zu verpacken. Da es nur eine beschränkte Anzahl an Artikeln gibt, treten die Ziele der Agenten also in Konkurrenz um die meisten Artikel. Wenn eine Maschine nun mit dem Verpacken fertig ist, fordert der Agent sofort die nächsten Artikel an, damit er keinen Leerstand hat, sondern möglichst viele Artikel verpacken kann. Das hat zur Folge, dass der Gesamtbetrieb aller Maschinen auf Hochtouren läuft und niemand Leerstand erleidet, folglich der maximale Umsatz erzielt werden kann.

Anhand dieses Beispiels ist zu erkennen, dass auch in der Optimierung Konkurrenz vorteilhaft ist. Gerade in der Optimierung von *Supply-Chains*[5] werden konkurrierende Systeme genutzt, um ein gutes Ergebnis zu erzielen. Optimierungen fallen in den Bereich der Metaheuristiken, welche ebenfalls das Ziel besitzen die optimale, gültige Lösung zu finden.

---

[4] Der RoboCup ist eine Vereinigung zum wissenschaftlichen spielerischen Diskutieren von Methoden der Robotik und Künstlichen Intelligenz. Das Ganze basiert auf einer Weltmeisterschaft der Fußball spielenden Roboter. URL:www.robocup.org

[5] Als *Supply-Chain* wird die kombinatorische Zusammenarbeit von verschiedenen Logistikpartnern innerhalb eines Logistischen Prozesses bezeichnet.

2.3 Metaheuristiken

Die Optimierung von Systemen ist eine herausfordernde Aufgabe die nicht nur im Logistikbereich sondern auch in den Alltag Einzug erhalten hat. Allein durch ein Navigationssystem im Auto benutzen alltäglich Millionen von Menschen unbewusst ein Optimierungssystem, indem sie den kürzesten Weg von A nach B suchen. Ein großer Teil der Optimierung basiert auf Metaheuristiken, welche die Suche nach der Lösung beschleunigen und helfen die möglichst optimale Lösung zu berechnen.

Metaheuristiken sind in dem Bereich der kombinatorischen Optimierung zu finden und bieten die Möglichkeit, im Gegensatz zu normalen Heuristiken, verschiedenen Problemarten mit demselben Algorithmus Lösungen zu berechnen. Sie besitzen eine abstrakte Komponente, die abstrahiertes Wissen verarbeitet und Rückschlüsse (zum Teil Logik-basierte) zulässt, welche adaptiv auf jedes Problem umgesetzt werden können.

2.3.1 Optimierung

Die Suche nach der besten Lösung für ein Problem ist nicht immer trivial. Gerade in n-dimensionalen kontinuierlichen Suchräumen ist die Suche nach der besten Lösung *NP-vollständig*. Dennoch ist es wünschenswert, eine nahezu beste Lösung zu berechnen und diese in möglichst effizienter Zeit zu finden. Um dies zu gewährleisten, werden Metaheuristiken genutzt, welche durch logische Schlussfolgerung und unter Betrachtung von Verläufen der laufenden Optimierung, Rückschlüsse auf das zu lösende Problem berechnen. Dieses Betrachten der Vergangenheit und Reagieren auf generiertes Wissen lässt Metaheuristiken Lösungen effizienter generieren und berechnen.

Kombinatorische Probleme können angelehnt an Blum und Rolli [BR03] und Papadimitriou et al. [PS98] wie folgt definiert werden:

Definition 2.1
Ein Kombinatorisches Problem $P =' (S, f)$ ist definiert durch:
- eine Menge von Variablen $X = \{x_1, \ldots, x_n\}$;
- eine Menge von Domänen $D_1, \ldots, D_n$;
- Bedingungen zwischen den Variablen
- eine Funktion f welche minimiert oder maximiert werden soll[6], wobei

---

[6] Des Weiteren werden wir in dieser Arbeit, wie in der Literatur, immer von einer Minimierung ausgehen.

$f : D_1 \times \ldots \times D_n \to \mathbb{R}^+;$

Die Menge aller möglichen Lösungen lautet:
$S = \{s = \{(x_1, v_1), \ldots, (x_n, v_n)\} | v_i \in D_i,\ s \text{ löst alle Bedingungen}\}.$

Jede Lösung s in S entspricht damit einer Lösung und das globale Optimum ist die beste Lösung (minimaler oder maximaler Lösungswert je nach Optimierungsrichtung). Jede Lösung besitzt eine Nachbarschaftslösung. Diese ist dadurch definiert, dass sie von der aktuellen Lösung durch einen definierten Operator[7] erreichbar ist. Die Berechnung von einer Lösung- bzw. Lösungsmenge zur nächsten wird in der Literatur auch als Epoche bezeichnet. Besitzt eine Lösung den kleinsten Wert aus ihrer Nachbarschaft wird diese Lösung als lokales Minimum bezeichnet. Metaheuristiken werden in der Literatur u.a. wie folgt definiert:

> „A metaheuristic is formally defined as an iterative generation process which guides a subordinate heuristic by combining intelligently different concepts for exploring and exploiting the search space, learning strategies are used to structure information in order to find efficiently near-optimal solutions." [OL96].

> „A metaheuristic is an iterative master process that guides and modifies the operations of subordinate heuristics to efficiently produce high-quality solutions. It may manipulate a complete (or incomplete) single solution or a collection of solutions at each iteration. The subordinate heuristics may be high (or low) level procedures, or a simple local search, or just a construction method." [Vos99].

Dabei ist die Definition von Osman und Laporte [OL96] eher aus naturanaloger Sicht zu interpretieren, in der die Veränderung der Lösungen mit jedem Schritt erlernt wird. Dabei liegt der Fokus und Schwierigkeit auf dem Finden des richtigen Maßes zwischen Fokussierung und Erforschung des Suchraums. Im Gegensatz dazu beschreibt [Vos99] eine eher technische Definition von Metaheuristiken, indem er sie als übergeordnete Heuristik einer Heuristik sieht, welche die untergeordnete Heuristik eher als Berechnungseinheit für einfache Regeln sieht und dieses Wissen dann nutzt, um komplexere Schlüsse zu ziehen. Werden beide Definitionen kombiniert, so entsprechen sie einem Verständnis von Metaheuristiken, die den in dieser Arbeit vorangestellten Ansichten am nächsten kommt.

---

[7] Der Operator kann beliebig definiert werden, muss aber auf der Domäne gültig sein.

2.3 Metaheuristiken

Blum et al. [BR03] fassen die Definitionen zusammen und beschreiben Metaheuristiken als Strategie die einen Suchprozess unterstützt und leitet, nicht deterministisch und problemspezifisch ist, lokale Minima vermeiden sollte und domänenspezifisches Wissen nutzt um eine gute Lösung zu berechnen.

Ein großes Problem bei Metaheuristiken ist die Abwägung, den Suchraum zu durchlaufen oder aber spezifisch genauer zu untersuchen. In der Literatur wird dies als Exploration und Fokussierung (Exploitation) beschrieben. Wird mehr exploriert, ist der Suchraum eher sporadisch abgedeckt, aber lokale Minima sowie das Optimum können übersehen werden. Fokussiert die Metaheuristik, wird speziell an einer Stelle intensiver gesucht, aber die Gesamtheit vernachlässigt [ES98]. Gerade in dem Bereich der naturanalogen Metaheuristiken sind Veränderungen der Explorationsrate (z.b. den Suchraum intensiver zu explorieren) dafür verantwortlich, bessere Ergebnisse zu erzielen [SASN08].

Metaheuristiken lassen sich in verschiedene Kategorien einordnen. Birattari et al. [BPSV01] kategorisieren dabei fünf verschiedene Eigenschaften:

1. *Populations-basierte oder Einzellösungsverfahren*:
Der Unterschied ist die Vorgehensweise der Metaheuristik zur Berechnung der nächsten Lösung. Einzellösungsverfahren halten zu jedem Zeitpunkt eine Lösung und verändern diese in jeder Epoche durch Nachbarschaftsverfahren. Im Gegensatz dazu stehen die Populations-basierten Ansätze, welche in jeder Epoche eine Menge von gültigen Lösungen berechnen. Diese Lösungen beeinflussen sich gegenseitig in jeder Epoche und es wird dann damit eine neue Menge von Lösungen für die nächste Epoche berechnet.

2. *Kontinuierliche gegen diskrete Verfahren*:
In Bezug auf die Metaheuristiken bedeutet dies, dass das Verfahren entweder große Sprünge zum Nachbarn einer Lösung erlaubt oder der Weg zum Nachbarn „durchflogen" werden muss. Das bedeutet, dass jeder Punkt zwischen der Ausgangslösung unter der nächsten Lösungen besucht und berechnet wird.

3. *Speicherintensive gegen speicherarme Verfahren*:
Wird die nächste Lösungsberechnung durch intensives Kombinieren und logisches Schließen getroffen, ist die Speicherauslastung höher, als wenn einfache Verfahren wie Vektormultiplikationen ausgeführt werden. Nutzt eine Metaheuristik viel Zusatzwissen, um eine neue Lösung zu generieren, fällt sie in die Kategorie der speicherintensiven Verfahren, anderenfalls in die

Kategorie der speicherarmen Verfahren.

4. *Eine Nachbarschaft gegen mehrere Nachbarschaften*:
   Hierbei wird nach der Anzahl der Nachbarschaften klassifiziert. Dabei wird zwischen Operatoren unterschieden, die nur einen Nachbarn berechnen oder welche, die eine Nachbarschaft aufziehen.

5. *Dynamische oder statische Problemfunktion*:
   Einige Metaheuristiken verändern während der Suche die unterliegende Problemfunktion wie z.b. *Guided Local Search* [VT03], um aus lokalen Minima zu fliehen. Diese dynamische Veränderung lässt in einigen Optimierungsmethoden das Entkommen aus lokalen Minima zu, während eine statische Fitnesslandschaft dies verhindern würde.

6. *Naturanaloge gegen Nicht-naturanaloge Verfahren*:
   Schwarmalgorithmen und Schwarmoptimierung sind der Natur nachempfunden, während z.b. *Tabu-Search* eher mathematischen und logischen Ursprungs ist. Somit können klare Grenzen zwischen Metaheuristiken gezogen werden, die „künstlich" sind oder welchen, die dem Verhalten der Natur gleichen und es aufgreifen, um eine Lösung zu berechnen.

Eine weitere Einordnung von Metaheuristiken wurde von Melian et al. [MMPMMV03] vorgeschlagen und von Dagmar Diaz in ihrer Dissertationsschrift wie folgt zusammengefasst [MD05]:

1. *Zwanglose ("relaxed") Metaheuristiken*:
   Zwanglose Metaheuristiken verändern eine bestehende Lösung, ohne dabei bestimmte Nachbarschaften aufzubauen und aus diesen zu wählen.

2. *Konstruktive Metaheuristiken*:
   In diese Kategorie fallen Metaheuristiken, welche das unterliegende Problem nutzen, um eine neue Lösung zu erstellen, da sie konstruktiv anhand des Problems, Wissen in die Berechnung involvieren.

3. *Nachbarschaftsdurchsuchende Metaheuristiken*:
   Wird eine Nachbarschaft durch Operatoren anhand einer bestehenden Lösung berechnet und die folgende Lösung aus dieser Menge entnommen, fällt die Metaheuristik in diese Kategorie.

4. *Evolutionäre Metaheuristiken*:
   Werden naturanaloge Algorithmen genutzt und eine Menge von Lösungen produziert, die sich in jeder Epoche weiterentwickeln, wird von evolutionären Metaheuristiken gesprochen.

2.3 Metaheuristiken

Wie zu erkennen ist, gibt es verschiedene Arten Metaheuristiken zu differenzieren und einzuordnen und es zeigt auch die Vielfalt der Möglichkeiten, aus dessen die verschiednen Optimierungsarten entstanden sind. Jede Kategorisierung von Metaheuristiken bezieht sich auf verschiedene Eigenschaften, welche durch spezifische Problemstellungen entwickelt wurden, um Probleme effizienter zu lösen. Gerade in dem Bereich der Logistik werden Optimierungen immer wieder benötigt.

2.3.2 Optimierungen in logistischen Szenarien

In der Logistik haben *Supply-Chains* oder Tourenprobleme nicht nur eine Lösung. In vielen Fällen sind unzählige gültige Lösungen vorhanden, die verschieden optimale Ergebnisse liefern. Je nachdem welche Strecke gewählt wird, ist die Tour effizienter in Bezug zur Geschwindigkeit oder zur Strecke. Diese Art von Problemen nennt man Optimierungsprobleme. Ein Optimierungsproblem stellt die Aufgabe dar, die beste/optimale gültige Lösung aus einer Menge von gültigen Lösungen zu finden. Dabei werden verschiedene Lösungen anhand eines Fitnesswertes gegeneinander verglichen und bewertet. Der Fitnesswert ist nicht zwingend nur ein einzelner Wert, sondern kann sich aus Komponenten zusammensetzen und berechnen lassen. Notwendig ist allerdings, dass der Fitnesswert vergleichbar ist und auf die Optimalität der gewählten Lösung abzielt. Die Gesamtheit aller Fitnesspunkte auf einem Koordinatensystem wird als Fitnesslandschaft bezeichnet. Eine triviale Optimierungslösung ist der *brute force*-Ansatz[8]. Dieser Ansatz beruht darauf, möglichst alle Möglichkeiten zu berechnen, um dann die beste herauszufinden. Auf das Tourenproblem bezogen werden alle möglichen Touren verglichen, um dadurch die effizienteste Tour zu finden. Diese *brute force*-Methode ist denkbar ineffizient. Gerade in kontinuierlichen Suchräumen ist diese Optimierung nicht in berechenbarer Zeit lösbar. Optimierungsmethoden sind daher neue Methodiken, die durch intelligentes Verhalten versuchen, die optimale Lösung in endlichen Schritten zu finden. Dazu werden Zusatzwissen, logische Ansätze, aber auch Methoden der Künstlichen Intelligenz miteinander kombiniert. Klassische Optimierungsmethoden sind neben der genannten vollständigen Suche (*brute force*) u.a. die Wahrscheinlichkeitssuche (*Monte-Carlo* [Bin86]) und Gradientenabstiegsmethoden (*Hill-Climbing* [RN03]). Bei den Wahrscheinlichkeitsmethoden werden zufällige Punkte im Suchraum getestet und die interessanten Punkte anhand einer Häufigkeitsverteilung näher durchsucht. Das *Hill-Climbing* versucht anhand der Verfolgung eines Gradienten einen minimalen oder maximalen Punkt in der Fitnesslandschaft zu finden.

---

[8] Auch erschöpfende Suche genannt.

Ein Fachgebiet, in dem neue Methodiken der Optimierung sowie Optimierungsprobleme bearbeitet werden, nennt sich *Operation Research*. Die genaue Beschreibung des Fachgebiets lautet nach der „Gesellschaft für Operation Research GOR e.V.": „Die Entwicklung und der Einsatz quantitativer Modelle und Methoden zur Entscheidungsunterstützung."[9] Die Gesellschaft für *Operation Research* GOR ist ein gemeinnütziger Verein zur Verbreitung und Förderung von wissenschaftlicher und praxisorientierter OR-Forschungen in der Wirtschaft. Der Fokus von OR ist die Kombination von Mathematik, Wirtschaftswissenschaften und Informatik zu einer interdisziplinären Fachrichtung. Ein großer Teil der Anwendungsszenarien ist dabei der Logistik zuzuschreiben. Die Logistik bietet mit der Verwaltung und Durchführung in dynamischen Umgebungen ein komplexes Anwendungsszenario, in dem es schnelle Entscheidungen zu treffen gilt und unerwartete Ereignisse auf der Tagesordnung stehen. Auch die Personaleinsatzplanung oder die Planung von *Supply-Chains* sind logistische Szenarien, die einen hochdimensionalen komplexen und dynamischen Suchraum aufspannen, in dem es eine Lösung zu finden gilt. Das Auffinden dieser Lösung ohne menschliche Hilfe ist als Suchproblem zu klassifizieren und fällt damit ebenso in den Bereich der Künstlichen Intelligenz. Die Suche einer gültigen optimalen Lösung in einem kontinuierlichen Raum ist somit ein interdisziplinäres Problem, für das es unterschiedliche Lösungsansätze gibt. Zum einen gibt es die Einzellösungsverfahren (z.B. *Hill-Climbing*). Diese Verfahren halten zu jedem Berechnungsschritt immer eine aktuell beste Lösung bereit und verändern diese nur dann, wenn sie eine neue, bessere Lösung gefunden haben. Zum anderen sind Populations-basierte oder Mehrfachlösungsverfahren Lösungsansätze (z.B. Partikel Schwarm Optimierung), die nicht nur eine aktuelle Lösung zu jedem Zeitschritt zur Verfügung stellen, sondern immer mehrere Lösungen unterschiedlicher Güte gegeneinander evaluieren und dadurch neue Lösungen berechnen und ältere verwerfen. Die zur Zeit am stärksten in der Wissenschaft genutzen Optimierungsmethoden sind die Metaheuristiken, da sie in stetig komplexer werdenden Szenarien häufig die besten Ergebnisse in adäquatem Zeitaufwand berechnen.

Im weiteren Verlauf wird auf die verschiedenen Kategorien der Metaheuristiken eingegangen und diese nach ihren Eigenschaften, in Einzellösungs- und Populationsbasierten Metaheuristiken aufgeteilt. Dabei sollen die Vorteile aufgeführt und diskutiert werden.

---

[9] URL:https://gor.uni-paderborn.de/

2.3.3 Einzellösungsverfahren

Einzellösungsverfahren sind, wie es schon dem Namen zu entnehmen ist, Metaheuristiken, die zu jeder Epoche nur eine Lösung berechnen. Aus jeder bestehenden Lösung (am Anfang eine Initiallösung) werden basierend auf Nachbarschaftsoperatoren neue Lösungen generiert und die beste ausgewählt. Somit nähert sich die Optimierung schrittweise einer Lösung mit hoher Güte. Ein bekanntes Einzellösungsverfahren ist *Simulated Annealing*, welches aus dem *Metropolis*-Algorithmus entstanden ist. Es wird dabei eine initiale Lösung erstellt, welche durch einen über die Zeit abnehmenden Temperatur-Wert angepasst und zu einer neuen Lösung umberechnet wird. Je geringer der Temperaturwert ausfällt, desto geringer sind die Veränderungen der Lösung.

Einzellösungsverfahren besitzen häufig einen geringen Speicheraufwand, da sie nur die aktuelle Lösung im Speicher halten. Dennoch spiegelt dies nicht die Berechnungszeit wider. Das Erstellen der Nachbarschaft basiert auf beliebig aufwendigen Operatoren, welche wiederum den Speicherplatz belegen können und somit den Vorteil des geringen Speicherbedarfs zunichte machen können. Der Nachteil ist, dass Nachbarschaften in lokalen Minima zu zyklischem Verhalten führen können, da immer wieder der vorherige Nachbar als bester erkannt wird. Dadurch kann es passieren, dass ein lokales Minimum zur Terminierung führt, da kein besserer Punkt im Suchraum gefunden wird.

Eine der bekanntesten Einzellösungsverfahren ist *Tabu-Search* [GL97]. Glover et al. berechnen dabei nicht nur die nächsten Nachbarn, sondern führen eine Tabu-Liste ein, in der sie vorherige Lösungen eintragen und sie damit, für eine festgelegte Zeit an Schritten, nicht mehr auswählbar machen. Durch diese Liste hat das zyklische Verhalten der Einzellösungsverfahren nicht mehr einen so großen Einfluss wie ohne diese Liste. Des Weiteren werden lokale Minima einfacher umgangen, da diese über einen gewissen Zeitraum als "Tabu" gekennzeichnet sind und daher nicht mehr als Lösung gültig erscheinen. Zu beachten ist die *Guided Local Search*, welche durch die Manipulation der Problemfunktion (im Weiteren auch Fitnessfunktion genannt) in näherem Bezug zu dieser Arbeit steht.

Guided Local Search (GLS)

GLS nutzt eine Besonderheit um aus lokalen Minima zu entkommen. Es wertet nicht nur die Fitnessfunktion aus, sondern ändert sie zu ihrem Nutzen ab. In jedem Schritt werden für die besten Lösungen im Suchraum Strafpunkte, sogenannte *Penalties*, vergeben [VT95]. Diese bewirken, dass sich ein lokales Minimum bild-

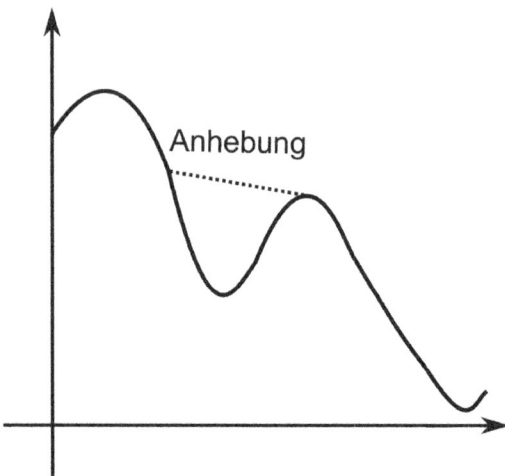

Abbildung 2.4: Anhebung der Fitnessfunktion durch *Penalties* bei einem lokalen Minimum.

lich gesprochen anhebt und somit uninteressant wird (siehe Abbildung 2.4). Das Interessante dabei ist die dadurch erzielte Verbesserung des Optimierungsverfahrens. Es optimiert gleicherweise durch Veränderung der aktuellen Lösung durch Nachbarschaftsverfahren, ist aber effizienter, da es Veränderungen an der Fitnessfunktion vornimmt, welche eigentlich zur Bewertung der Lösung dienen. Dieses Prinzip wird später in ähnlicher Form in dieser Arbeit angewendet.

2.3.4 Populations-basierte Verfahren

Im Gegensatz zu den Einzellösungsverfahren stehen die Populations-basierten Ansätze. Diese haben im Unterschied nicht nur eine Lösung zu jedem Schritt berechnet, sondern immer eine Menge von gültigen Lösungen im Speicher zu halten. Diese Menge von Lösungen wird Population genannt. Sie beeinflusst die nächste Generation und der Optimierungsalgorithmus berechnet dies, indem er aus der aktuellen Population Wissen extrahiert und bei der Berechnung nutzt. Der Vorteil der Populations-basierten Verfahren ist die effiziente Explorierung des Suchraums, da zu jedem Schritt nicht nur ein Teil im Suchraum betrachtet werden kann. Die Effizienz hängt von der Berechnung der einzelnen Lösungen einer Population ab und kann aufwendig, aber auch effizient gelöst sein. Zu den bekanntesten Populationsbasierten Verfahren zählen die Evolutionären Algorithmen, und die naturanalogen Verfahren, welche später in dieser Arbeit diskutiert werden.

2.3 Metaheuristiken

Evolutionäre Algorithmen (EA)

Evolutionäre Algorithmen versuchen die Anpassungsfähigkeit der Natur zu kopieren. Dabei imitieren sie die natürliche Selektion der Natur und die Mutationsfähigkeit des Genoms. Die Nachkommen, Population genannt, werden berechnet, indem sie die aktuellen Mitglieder der Population untereinander kombinieren und dabei mutieren lassen. Der Unterschied zu Einzellösungsverfahren besteht darin, dass nicht nur eine gültige Lösung zu jedem Zeitpunkt gehalten wird, sondern eben eine ganze Population. Die Berechnung besteht nun nicht mehr darin, nur eine Lösung zu verbessern, sondern durch Kombination der besten gültigen Lösungen, eine neue Menge von Lösungen zu erstellen, welche dann besser sind als zuvor. Dies geschieht durch Operatoren, welche ein Mitglied der Population durch ein anderes Mitglied beeinflussen lassen. Diese Operatoren werden meist als *crossover, mutation* oder *adaptation* bezeichnet und beschreiben einmal das direkte Beeinflussen von zwei Lösungen, um eine neue zu berechnen (*crossover*). Die Veränderung durch Wahrscheinlichkeiten von der neuen Lösung (*mutation*) und die Verfeinerung der aktuellen Lösungen um eine bessere Lösung zu finden (*adaptation*). Der Vorteil dieser Verfahren besteht darin, schon bestehendes Wissen (einzelne Lösungen) zu analysieren und die positiven Eigenschaften zu nutzen, um noch bessere Eigenschaften zu berechnen. Neben Evolutionärem Programmieren und Evolutionären Strategien zählen die Genetische Algorithmen zu den populärsten Ansätzen der Evolutionären Algorithmen zur Lösung kombinatorischer Optimierungsprobleme.

Herzt et al. [HK00] bieten einen guten Überblick über die Optimierungstechnik von Evolutionären Algorithmen und im Speziellen der Genetischen Algorithmen (GA). So werden im ersten Schritt die Lösungen ausgesucht, welche für die Berechnung der nächsten Population genutzt werden sollen. Dabei sind häufig die besten Lösungen in der näheren Auswahl. Je nachdem wie intensiv exploriert werden soll, ist die Wahl von nicht optimalen Lösungen nützlich. Sind alle Lösungen ausgewählt, werden nun die Nachbarschaften zusammengestellt. Dies bedeutet, dass durch Operatoren ermittelt wird, welche Lösungen sich kombinieren und eine neue Lösung generieren sollen. Dabei können triviale Regeln wie z.B. nur die besten oder eine gute und eine schlechte Lösung angewendet werden. Allerdings können auch mehrere Lösungen eine oder mehr Lösungen erzeugen. Die neuen Lösungen müssen dann auf ihre Gültigkeit überprüft werden. Es kann vorkommen, dass neue Lösungen nicht lösbar sind. Diese können dann entweder verworfen oder angepasst werden bis sie lösbar sind. Als letzten Faktor kann die Lösung mutieren und durch einen Wahrscheinlichkeitsoperator verändert werden, um somit neue Variation und eine höhere Exploration zu erzielen.

Eine Idee der Evolutionären Algorithmen ist das Verwenden von eigens generiertem Wissen, welches in der Lösungspopulation vorliegt, zu nutzen, um daraus neues Wissen zu generieren. Dies machen sich auch die Schwärme zunutze, welche in den Bereich naturanaloge Algorithmen fallen, allerdings eine Besonderheit darstellen, da sie keine wirklichen neuen Lösungen erzeugen, sondern alte verändern.

2.4 Schwarmintelligenz

Einer der ersten bekannten Schwärme aus den naturanalogen Algorithmen war das vorgestellte Ameisen-Kolonie-System (*Ant-Colony-System* ACS) von Marco Dorigo [DMC96]. Die Idee zu diesem Algorithmus wurde inspiriert von der naturwissenschaftlichen Arbeit von Goss et. al [GADP89], wobei diese die kürzesten Wege der Argentinischen Ameise bei der Futtersuche beobachteten. Es wurde beobachtet wie Ameisen den kürzesten Weg von ihrem Nest zu einer Futterquelle finden. Dabei wurde eine Versuchsumgebung geschaffen, in der es genau zwei Wege zu der Futterquelle gab, wobei einer genau doppelt so lang war. Die ersten Ameisen explorierten beide Wege, jedoch waren die Ameisen mit dem kürzeren Weg schneller mit dem Futter wieder am Nest. Die nachfolgenden Ameisen benutzten daraufhin den kürzeren Weg und nur wenige den längeren. Zu begründen liegt dies in der Pheromonspur die jede Ameise abgibt. So legt sie eine einfache Spur, um den Weg zum Nest zurück zu finden bei der Exploration und eine stärkere Spur wenn sie Futter gefunden hat und zurück zum Nest transportiert. Die anderen Ameisen reagieren auf diese Spur und folgen ihr. Bei kürzeren Wegen sind folglich schneller mehr Pheromone auf dem Pfad und wirken daher anziehender. Damit wirklich der kürzeste Weg gefunden werden kann, explorieren die Ameisen immer wieder und können somit den kürzesten Pfad verlassen, um neue Wege zu finden. Diese Futtersuche wurde algorithmisch in dem ACS umgesetzt. Das ACS wurde noch optimiert, um es für kombinatorische Probleme anzuwenden und damit zur *Ant-Colony-Optimization*(ACO) [DS04], welche die bis heute meist genutzte Optimierungsmethode bei den Schwärmen darstellt.

Schwärme erzeugen keine neuen Lösungen, sondern verändern nur die bisherigen Lösungen durch die entdeckten Lösungen. Sie beeinflussen, aber verlieren nicht ihr Wissen. Der Vorteil dabei ist, das Schwarmoptimierungen effiziente Berechnungszeiten haben und der Speicheraufwand der Algorithmen gering ausfällt,

2.4 Schwarmintelligenz

da nur auf das Wissen der eigenen Population zugegriffen wird. Des Weiteren ist eine Steuerung der Exploration und Fokussierung durch Anpassung der Parameter auf den aktuellen Lösungen möglich.

Der Nachteil von Schwärmen besteht darin, dass sie einen hohen Anteil von Wahrscheinlichkeiten bei der Berechnung der nächsten Population benötigen. Dieser Anteil lässt eine Vorhersage über das Verhalten des Schwarms nur geringfügig zu. Die Exploration des Suchraums ist daher entscheidend geprägt von der Initialisierung und der Parametrisierung des Algorithmus.

Aus den Erfahrungen des ACOs und durch die Idee auch andere Schwärme der Natur (wie z.B. Fische oder Vögel) zu beobachten, entwickelten Eberhardt und Kennedy 1995 [KE95] die Partikel Schwarm Optimierung und erreichten in kürzester Zeit einen hohen Bekanntheitsgrad in der Optimierungsgemeinde.

Grundlagen der Schwarmintelligenz

Die Tierwelt ist imstande Außerordentliches zu leisten und liefert Lösungen in kleinsten Bereichen, die auch für den Menschen von Nutzen sein können. So ähnelt der Landeanflug von Düsenjägern heute schon dem Landeanflug von Seevögeln und die Schwimmanzüge der Spitzensportler werden aus Material hergestellt, welches der Oberflächenstruktur einer Haifischhaut ähnelt, was effiziente Wasserströmungen um den Körper bewirkt. Die Natur bietet Lösungsmöglichkeiten für eine Vielzahl noch offener Probleme der heutigen Zeit. So schaffen es bestimmte Ameisenarten aus Afrika eine konstante Temperatur in ihrem Bau durch ein ausgeklügeltes System an Tunnel und Belüftungsschächten zu erhalten, obwohl die Außentemperatur um 20°C während des Tag-/Nachtwechsels variiert. Die Entstehung des Erdbaus basiert auf der Zusammenarbeit der einzelnen Ameisen. Obwohl das Verhalten jeder Ameise nur auf simplen Reizen basiert, ist dennoch diese spezielle komplexe Bauart möglich. Grassé benennt das Reagieren auf Umweltreize beim Nestbau als *Stigmergy* [Gra59]. Die Wissenschaftler beobachten das, für außenstehende intelligente, Verhalten der Ameisen und analysieren es, um Regeln oder Verhaltensmuster zu erkennen und zu formalisieren. Dieses Ableiten von Regeln und Verstehen von Schwarmverhalten wird in der Biologie als Bionik, im Speziellen auch als *Biomimicry*[10] bezeichnet, und setzt sich mit den Prozessen und Verhalten der Natur im speziellen Bereich der Tierwelt auseinander. Die *Bio-*

---
[10]terminus technicus: Biomimicry wird als Teil der Bionik bezeichnet und dient der Verfeinerung des Begriffs Bionik in Bezug zum Schwarmverhalten. Die Bezeichnung wurde von *Janine M. Benyus* 1997 im gleichnamigen Buch eingeführt [Ben02]

memicry (*Grie.: bios = leben; mimesis = imitieren*) versucht durch das Imitieren von u.a. tierischem Verhalten, andere Probleme der heutigen Zeit zu lösen und auf effizientere Lösungsstrategien zu stoßen.

Das Verhalten der einzelnen Tiere (im weiteren Verlauf auch als Einheiten oder Individuen bezeichnet) in z.b. Fisch- und Vogelschwärmen oder bei Insekten basiert auf simplen Reizen, die genetisch festgelegt sind [Wil02]. Dabei nimmt die Einheit etwas sensorisch wahr und reagiert auf diesen Reiz, ohne sich über die Tragweite seiner Aktion Gedanken zu machen. Das Zusammenführen von vielen solcher Aktionen bestimmt das Verhalten der Einheit. Viele Einheiten ergänzen sich dadurch zu einem, für außenstehende Beobachter, komplexen (intelligenten) Verhalten. Dennoch ist diese kollektive Intelligenz nicht vom einzelnen erdacht, sondern ergibt sich vielmehr als Produkt der einfachen Verhaltensregeln. So enstehen z.b. durch die einfache Regel Erde an einem Ort hoher Reize abzulegen, komplexe Bauten. Forscher wie Guy Theraulaz und sein Team versuchen die einfachen Regeln von Einheiten durch Tests zu ergründen, zu formalisieren und virtuell als Modell abzubilden [BDT99]. Dies geschieht nicht nur bei dem Untersuchen von Ameisenwegen [PGG+12], sondern es werden auch einzelne Fische in einem Aquarium mit einer Videokamera überwacht, elektronisch verfolgt und damit die verschiedenen Schwimmrichtungen extrahiert. Anhand dieser Daten werden dann Regeln entwickelt, die das Verhalten beschreiben [GJT08]. Mit diesen Regeln werden daraufhin Simulationsmodelle getestet und anhand der Realität überprüft, ob sie ihr im Resultat ähneln oder nicht.

Das Verhalten der Schwärme zeigt in einigen Fällen direkte Bezüge zu Problemen in der menschlichen Welt auf. So finden Ameisen ohne eine Landkarte zu besitzen über mehrere Kilometer hinweg den kürzesten Weg zu einer Futterquelle. Das Problem der Wegfindung ist direkt auf uns Menschen zu übertragen. Wenn z.B. jemand in einer fremden Stadt ein bestimmte Sehenswürdigkeit anfahren will, so hat er immer das Problem wie er zu diesem Ort am schnellsten gelangt. So ist es zu verstehen, warum 1989 Dorigo versucht hat, das Ameisenverhalten zu formalisieren und diese Verhaltensregeln zu extrahieren, was ihm mit dem *Ant-Colony-System* [DMC96] letztendlich auch gelungen ist.

Wird das Verhalten von Ameisen oder Schwarmeinheiten intensiver betrachtet, so zeigt sich immer wieder ein nicht beschreibbares Verhalten. Dies kann getestet werden, indem bestimmte Reize gezielt erzeugt werden und dann die Reaktion abgewartet wird. Zum einen verhält sich die Ameise so wie erwartet, zum anderen wird dennoch teilweise ein Verhalten beobachtet, das so nicht von dem geteste-

2.4 Schwarmintelligenz

ten Reiz erwartet wurde. Ebenso stellt sich die Frage was passiert, wenn keine Reize vorliegen? Die Umwelt sendet nicht ständig Reize aus, auf die eine Einheit reagiert. Eine Ameise auf der Suche nach neuen Futterquellen folgt nicht immer einem Reiz, sondern muss auch die Umgebung explorieren, um neue Quellen zu finden. Dieses nicht beschreibbare Verhalten wird als randomisiertes Verhalten beschrieben. Die Exploration lässt die Einheit willkürlich den Raum absuchen, in der Hoffnung etwas zu finden. Dieser Einfluss von Wahrscheinlichkeiten lässt genaue Regelableitung fast unmöglich werden. Trifft diese explorierende Ameise auf einen Reiz, muss sie nicht zwingend diesem folgen, sondern nur zu einer bestimmten (meist hohen) Wahrscheinlichkeit. Ebenfalls können gut mehrere Reize vorhanden sein und die Einheit muss sich entscheiden welchem Reiz sie nachgibt. Das Verhalten beinhaltet also einen großen Anteil an randomisierten Entscheidungen. Das Abbilden dieser Wahrscheinlichkeiten bestimmt aber auf der anderen Seite auch die Effizienz dieses Verhaltens. Wie in dem Wissenschaftsbereich des künstlichen Lernens in der Künstlichen Intelligenz ebenfalls vorhanden, bestimmt die richtige Mischung aus Exploration und Fokussierung den Erfolg der Lösungssuche und der Optimierung bzw. des Schwarmverhaltens.

Die Frage nach der Entstehung der Reize lässt sich auf die Kommunikation zwischen den Einheiten zurückführen. Damit Koordination stattfindet, muss Wissen zwischen den Einheiten ausgetauscht werden. Dabei wird zwischen zwei verschiedenen Arten von Kommunikation unterschieden[TLD04]. Zum einen gibt es die direkte Kommunikation. Honigbienen z.B. tauschen durch den Schwänzeltanz die genauen Details über die gefundene Nahrungsquelle aus. Dabei werden sie von Artgenossen beobachtet, welche das Wissen aufnehmen und dadurch über die Nahrungsquelle in Kenntnis gesetzt werden. Diese direkte Kommunikation erlaubt direkten Wissenstransfer zwischen Einheiten.

Die zweite Möglichkeit, Wissen zu transferieren, ist die indirekte Kommunikation [TLD04]. Dabei werden Reize hinterlassen, welche zu einem späteren Zeitpunkt durch andere Einheiten erkannt werden. So hinterlässt eine Ameise eine Pheromonspur, die andere Ameisen, wenn sie dadrüber laufen, wahrnehmen und darauf reagieren. Diese Pheromonspur muss nicht immer absichtlich gesetzt werden, sondern geschieht automatisch, ohne dass die Ameise es bewusst wahrnimmt. Beide Arten der Kommunikation haben Vor- und Nachteile. So wird die Pheromonspur über die Zeit schwächer und verschwindet und direkte Kommunikation wird nur von unmittelbar Beteiligten wahrgenommen. Eine Kombination von beidem ist effizienter und wird von den meisten Schwarmarten genutzt.

Das intelligente Verhalten der Schwärme ist also auf simple Entscheidungen zurückzuführen, die meistens unüberlegt durch Reaktion auf die Umwelt geschehen. Dennoch hat die Natur über die Jahrtausende hinweg ein Verhalten erschaffen, welches in der heutigen Zeit, durch die enorme Effizienz, von unschätzbarem Wert ist und in vielen Problemen die Lösung sein könnte.

2.5 Fazit der thematischen Einordnung

Die naturanalogen Algorithmen sind eine Kombination von vielen Einflüssen aus drei großen Themengebieten der Informatik. Sie bilden eine Nische, die sich speziell mit dem Lösen von komplexen Aufgaben beschäftigt und dabei versucht, global gültige Methoden zu entwickeln, welche in allen drei Themengebieten angewendet werden können. Auf Basis dieser Analyse der Themengebiete, ist zu erkennen, dass starre Verhaltensmuster und Berechnungsmethoden zu wenig Adaptivität bieten, um in komplexen Umgebungen, die sich dynamisch verändern, effiziente Lösungen zu berechnen. An diesem Punkt setzt diese Arbeit an und versucht die starren Muster der Partikel Schwarm Optimierung soweit anzupassen, dass es ermöglicht wird, autonom mit Hilfe eines Agenten in einem Multi-Agentensystems, auf den Optimierungsprozess zuzugreifen und diesen somit adaptiv zu gestalten. Um dieses Vorhaben genauer zu verstehen, werden im Folgenden die thematisch wichtigen Arbeiten beschrieben.

3 State of the Art

Der Bereich der Schwarmintelligenz erlebt seit Ende der 1990er Jahre einen großen Zuspruch. Durch die breite Anwendungsmöglichkeit der verschiedenen Algorithmen und auch durch das soziologisch steigende Interesse am Massenverhalten von Menschen ist die Bedeutung von Schwarmverhalten immens gestiegen. Kennedy und Eberhart [KE95] lösten mit der Veröffentlichung der Partikel Schwarm Optimierung einen wissenschaftlichen Trend aus und die Publikationen von wissenschaftlichen Arbeiten mit dem Inhalt Partikel Schwarm Optimierung stiegen exponentiell mit jedem Jahr. Viele Autoren nutzen diese neue, schnelle Art der Optimierung, um sie an ihren bestehenden Problemen zu evaluieren.

In diesem Kapitel werden die relevanten wissenschaftlichen Arbeiten, auf denen diese Arbeit basiert und aufbaut, vorgestellt und beschrieben.

3.1 Partikel Schwarm Optimierung (PSO)

Basierend auf der Grundidee von James Kennedy und Russel C. Eberhardt greift die PSO auf drei einfache Prinzipien zurück [KES09]:

- *Evaluation:*
  Hierbei wird die aktuelle Belegung der Variablen zu einem vergleichbaren Fitnesswert umgerechnet.

- *Vergleich:*
  Bei dem Vergleich wird der berechnete Fitnesswert mit anderen Werten verglichen und dadurch die Güte des aktuellen Fitnesswerts festgestellt.

- *Imitation:*
  Unter Imitation verstehen Kennedy und Eberhardt die Lernphase der einzelnen Einheiten. Sie adaptieren zu einem bestimmten Teil den besten Fitnesswert, indem sie ihn in ihre Berechnungsphase[1] integrieren.

---

[1] In der Berechnungsphase werden die nächsten Belegungen der Variablen berechnet, aus denen dann ein neuer Fitnesswert berechnet wird. Es ist folglich die Übergangsphase von Belegungen.

Auf diese drei Prinzipien ist das grundlegende Verhalten der einzelnen Partikel zurückzuführen. Technisch lässt sich eine PSO wie folgt beschreiben: Ein Schwarm besteht aus einer Anzahl von Partikeln. Jeder Partikel i besitzt eine aktuelle Variablen-Belegung p, welche die aktuelle Position im Suchraum widerspiegelt und einen Geschwindigkeitsvektor v, der die Bewegung durch den Suchraum abstrahiert und beschreibt. Dabei ist die Domäne (siehe Definition 2.1) die Ausprägung des Suchraums und die Variabel-Belegung von p durch die Menge X definiert. Der berechnete Wert von p und v wird anhand einer Funktion f (Fitnessfunktion) auf $\mathbb{R}^+$ abgebildet. Dazu kommen noch die aktuell beste gefundene Position p_{best} im Suchraum und die beste Position des gesamten Schwarms g_{best}. g_{best} bedeutet, dass jeder Partikel über alle p_{best} der anderen Partikel im Schwarm Informationen besitzt. Als Alternative zu g_{best} wird in der Literatur noch das sogenannte lokale Beste angegeben (l_{best})[KES09]. Dabei wird jedem Partikel nur eine definierte Anzahl k an anderen fest zugewiesenen Partikeln bereitgestellt. Bei einer Zweier-Nachbarschaft ($k = 2$) wird dadurch eine Art Ringstruktur aufgebaut. Bei steigendem k-Wert ähnelt, je nach Anzahl der gesamten Partikel, die Struktur der g_{best}-Nachbarschaft und damit auch dessen Verhalten. Die verschiedenen Arten des Informationsflusses werden Topologie genannt. Die Topologie und die vier Grund-Attribute bilden die Grundstruktur des einzelnen Partikels.

Der Ablauf der Optimierung basiert auf den oben genannten Prinzipien. In jedem Evolutionsschritt werden alle Partikel evaluiert. Das bedeutet, dass für jeden Partikel der aktuelle Fitnesswert berechnet wird. Nachdem dies geschehen ist, wird im Vergleich der berechnete Fitnesswert mit der aktuell besten persönlichen Position verglichen[2] und im besten Fall ersetzt. Identisch zum vorherigen Schritt, abhängig von der Topologie, wird der Vergleich mit den Nachbarschaften vollzogen. In der letzten Phase wird die neue Position des Partikels im Suchraum berechnet. Dabei wird im ersten PSO-Algorithmus folgende Formel zur Aktualisierung der Position genutzt [KES09] (weiterhin als *update*-Formel betitelt):

$$v_t = v_{t-1} + r_1 * c_1(p_{actual} - p_{best}) + r_2 * c_2(p_{actual} - g_{best}) \quad (3.1)$$

c_1 und c_2 beschreiben dabei konstante Parameter und r einen jeweiligen Zufallswert aus dem Intervall $]0.0, 1.0]$. Dabei setzt sich die neue Geschwindigkeit v_t aus der alten Geschwindigkeit v_{t-1} summiert mit der Differenz der aktuellen Position p_{actual} zur g_{best} und zur p_{best} zusammen. Dadurch lässt jeder Partikel einen Teil des Gesamtwissens in seine Suchstrategie einfließen. Um den Einfluss des persönlichen und globalen Wissens zu regulieren, werden beide Differenzen separat para-

---

[2]Es wird hierbei auch der Fitnesswert der besten Position verglichen.

3.1 Partikel Schwarm Optimierung (PSO)

metrisiert (c_1 und c_2). Damit sich beide Parameter nicht aufheben können, werden diese durch einen Vektor mit Wahrscheinlichkeiten zwischen 0.0 und 1.0 in jedem Evolutionsschritt multipliziert (r_1 und r_2). Bei dieser *update*-Formel kann es passieren, dass der Algorithmus oszilliert oder die Geschwindigkeit immer weiter ansteigt. Um dies zu verhindern, wird eine maximale Geschwindigkeit festgelegt, auf die Geschwindigkeit v zurückgesetzt wird, wenn sie überschritten wird. Mit dieser neu berechneten Geschwindigkeit wird dann eine neue Position berechnet [KES09]:

$$p_{new} = p_{old} + v_t \qquad (3.2)$$

Die Anzahl der Evolutionen ist frei wählbar. Der Algorithmus terminiert, wenn ein Abbruchkriterium angegeben worden ist. Der beste persönliche Wert über alle Partikel ist dann die insgesamt beste Position und das Ergebnis.

3.1.1 Bewegungsberechnungen

In den letzten zehn Jahren haben sich zwei Standards bei der Berechnung der *update*-Formel durchgesetzt. Als grundlegende *update*-Formel gilt die *inertia-weight*-Formel welche einen Standard bei der PSO bildet und von Eberhart und Shi [SE98] [ES07] eingeführt wurde.

$$v_t = w * v_{t-1} + r_1 * c_1 (p_{best} - p_{actual}) + r_2 * c_2 (g_{best} - p_{actual}) \qquad (3.3)$$

Die Gewichtung der alten Geschwindigkeit (*inertia weight w*) steuert nun die Konvergenz des Algorithmus. Indem die alte Geschwindigkeit geringer einberechnet wird, fokussiert der Schwarm schneller, als wenn sie eine höhere Gewichtung bekommt. Somit bilden sich ein Parametertupel von $T^{PSO}_{InertiaWeight} = \{w, c_1, c_2\}$ zur Definition der PSO. Als Standard-Belegung der Variablen wird von Eberhart und Shi [ES00] $c_1 = c_2 = 1.4962$ und $w = 0.72984$ vorgeschlagen, da diese Belegung bei den meisten Problemklassen zufriedenstellende Ergebnisse liefert[3]. Es ist zu beachten, dass die Standardbelegungen nur einen relativ guten Optimierungsverlauf ergeben, nicht aber den besten [BPLI11]. Jedes Problem hat eine separate, spezielle Belegung mit der die PSO im Durchschnitt am besten konvergiert.

Der zweite Standard an *update*-Formeln ist die *constriction*-Formel von Clerc et al. und baut auf der zuvor genannten Formel auf. Es wird die Anzahl der Konfigurationsparameter verringert, indem Parameter der *inertia weight*-Formel zusammenfasst und auf ein Parameter abgebildet werden. Um eine Oszillation zu

---
[3] z.K. Die Probleme ähneln dem de Jong Funktionsset zur Evaluierung von Evolutionären Algorithmen.

vermeiden und eine Konvergenz der PSO zu unterstützen entwickelte Clerc die *constriction*-Formel zur Berechnung der neuen Geschwindigkeit [CK02]:

$$\chi = \frac{2}{\left|2 - \phi - \sqrt{(\phi^2 - 4\phi)}\right|} \text{ mit } \phi = c_1 + c_2 \qquad (3.4)$$

Die Berechnung der Geschwindigkeit wird dann wie folgt abgewandelt [CK02]:

$$v_t = \chi(v_{t-1} + r_1 * c_1(p_{best} - p_{actual}) + r_2 * c_2(g_{best} - p_{actual})) \qquad (3.5)$$

Ein Wert von $\phi = 4.1$ zeigte die beste Konvergenz [CK02]. Als Standardbelegung werden c_1 und c_2 auf 2.05 gesetzt.

3.1.2 Topologie

Die Topologie der einzelnen Partikel innerhalb eines Schwarms bestimmt neben der Parametrisierung ebenfalls die Konvergenz und das Verhalten der Optimierung. Wie zuvor erwähnt, ist die globale Vollvernetzung (g_{best} = *global best*, siehe Abbildung 3.1b) der Standard bei der PSO. Jeder Partikel kann den persönlich besten Wert mit allen Partikeln im Schwarm vergleichen, da zu jedem Partikel Kontakt besteht. Diese Topologie hat zur Folge, dass eine gute Position innerhalb des Schwarms schnell verbreitet wird und der Schwarm schnell konvergiert und weniger explorativ vorgeht. Dadurch können gute Positionen schneller übersehen werden. Allerdings ist ein Nachteil, dass lokale Minima schlechter umgangen werden, wenn keine bessere Position gefunden wurde, die dann Anziehung auf jeden Partikel ausübt. Wird allerdings eine bessere gefunden, zieht sich der Schwarm schnell von dem Minimum zurück [KES09].

Eine Vernetzung, die darauf abzielt, dass jeder Partikel nur k Nachbarn im Schwarm hat, nennt sich l_{best} (*Local Best*, siehe Abbildung 3.1a). Der Vorteil einer solchen Topologie ist, dass sich der Schwarm nicht so schnell fokussiert, sondern einige Evolutionen benötigt werden bis sich ein neuer bester Punkt komplett verbreitet hat. Dies hängt natürlich von der Größe des gewählten k ab. Durch die langsame Verbreitung durch die Topologie werden Teile des Suchraums weiter exploriert, bevor die Anziehung zum besten Punkt ausgeübt wird. Allerdings ist zu beachten, dass dadurch natürlich das Fokussieren auf einen bestimmten Punkt mehr Epochen in Anspruch nimmt als beim g_{best} [KM02].

3.1 Partikel Schwarm Optimierung (PSO)　　　　　　　　　　　　　　43

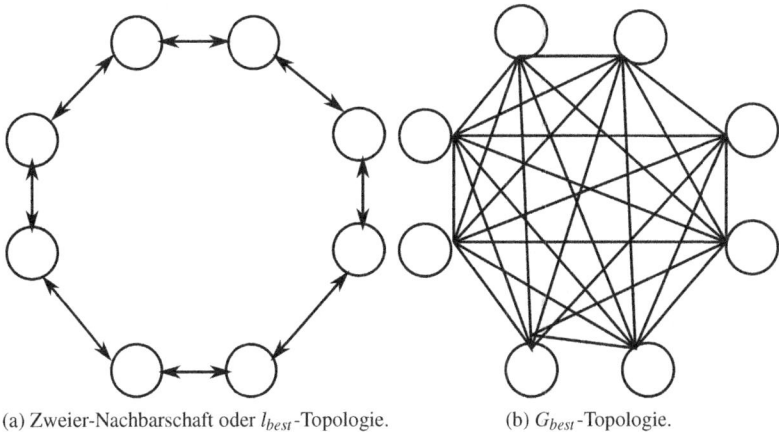

(a) Zweier-Nachbarschaft oder l_{best}-Topologie.　　　(b) G_{best}-Topologie.

Abbildung 3.1: Zwei typische Topologien für die PSO.

Als Alternative zu den vorangegangenen Topologien wird noch eine zentrale Topologie in der klassischen Literatur aufgeführt. Die sogenannte *wheel*-Topologie [Eng07] hat einen Partikel, der mit allen Partikeln verbunden ist und dadurch als zentrale Organisationsschicht dient. Der zentrale Partikel sammelt die gefundene beste Lösung ein und verbreitet diese im nächsten Schritt an die restlichen Partikel. Die Verbreitung einer neuen besten Position ist somit klar definiert und in zwei Schritten erreicht, was dem Nachteil der langsamen Fokussierung von l_{best} entgegenwirkt.

Janson und Middendorf [JM04] stellen eine *Tree*-Topologie vor, bei der jeder Partikel nur einen Nachbarn hat und somit die Verbreitung einer neuen besten Position schrittweise durchgeführt wird. Dadurch wird eine höhere Explorationsrate erzeugt.

Nicht nur durch verschiedene Topologien kann eine PSO verändert werden. Auch die Berechnung der *update*-Formel oder die Anwendung von Zusatzwissen bis zur Integration von anderen Optimierungsmethoden lassen die PSO für unterschiedliche Probleme adäquate Ergebnisse erzielen.

3.2 Arten der Partikel Schwarm Optimierung

Verschiedene Abwandlungen des originalen PSO-Algorithmus versuchen entweder die PSO an Probleme anzupassen oder aber sie für eine komplette Klasse an Problemen anzuwenden. Ricardo Poli [Pol08] bietet einen Überblick über Veröffentlichungen der ersten zehn Jahre im Bereich der PSO. Er zeigt damit nicht nur das steigende Interesse an PSO, sondern auch die Vielfältigkeit der Einsatzmöglichkeiten. Interessant sind weiterhin die Ansätze, die versuchen die Standard-PSO zu verbessern oder sie universeller nutzbar zu gestalten. Davoud Sedighizadeh listet die gängigsten Varianten der PSO in seiner Veröffentlichung auf [SM09]. Wir wollen die für diese Arbeit interessantesten Ansätze ein wenig genauer betrachten.

Ein Versuch, das Problem der korrekten Parameterwahl zu lösen, hat Kennedy mit seinem *Bare Bone PSO* vorgestellt [Ken03]. Dabei wird die Parameterwahl aus der Optimierung genommen und durch eine Gauss´sche Wahrscheinlichkeitsverteilung ersetzt. Dadurch gelingt es, die PSO nur noch abhängig von der Wahrscheinlichkeitsverteilung zu machen und somit die Gefahr der falschen Parameterwahl zu verhindern.

APSO *AdaptivePSO* [XZY02] beschreibt eine PSO, in der einzelne Partikel ausgetauscht werden, sofern sie vollkommen ihre Geschwindigkeit verlieren.

Um in binären Suchräumen eine PSO zu berechnen, müssen andere Kriterien angelegt werden, da ein Partikel in seiner Grundform kontinuierliche Werte belegt. Damit auch auf diskrete Werte (hier 1 und 0) eine Optimierung durchgeführt werden kann, haben Kennedy und Eberhardt die BPSO (*Binary PSO*) vorgestellt [KE97].

Damit die Partikel nicht immer eine statische Topologie besitzen und somit einen höheren Einfluss auf andere Partikel bekommen sowie auch erleiden, haben Hu et al. [HE02] eine Möglichkeit geschaffen, eine neue Nachbarschaftstopologie zu berechnen. Diese *Dynamic Neighbourhood PSO* (DNPSO) führt die *Nbest*-Topologie ein und diskutiert zu jedem Optimierungsschritt die Nachbarschaft eines Partikels. Dabei bilden Partikel dynamisch neue Nachbarschaften und können sich dadurch teilweise aus lokalen Minima herausziehen.

Um eine schnelle Fokussierung auf einen guten Punkt im Suchraum zu erlangen, werden bei der *Heurisitc PSO* (HPSO) abhängig von einer Heuristik bestimmte Partikel zuerst berechnet und können dadurch den Schwarm schon frühzeitig beeinflussen [LNQ07].

Eine besondere Art der Exploration wird als *Niching* bezeichnet.

3.2.1 Niching

Niching beschreibt eine Technik die nicht nur bei der PSO sondern auch bei EA angewendet wird. Die Standard-Technik der PSO, wie auch der EA, fokussiert auf eine Lösung im Suchraum. Diese muss nicht die optimale Lösung sein, dennoch gibt es in den Standard-Algorithmen keine Möglichkeit, mehrere Lösungen parallel zu fokussieren. Gerade bei multimodalen Problemen sowie Problemen mit mehreren optimalen Lösungen ist das Auffinden von mehr als einer Lösung wünschenswert. Um dieses zu erreichen, wurde das *Niching* erfunden. *Niching* trennt die Strukturen einer Population auf und verteilt sie in kleinere Gruppen von Einheiten, die sogenannten Teilschwärme oder Sub-Schwärme. Diese Teilschwärme (später auch als Sub-Schwärme bezeichnet) kooperieren untereinander ganz normal und besitzen eine eigene Topologie. Die Teilschwärme sind ebenfalls miteinander verbunden und kommunizieren nur die besten Positionen ihrer eigenen Partikel. Somit können verschiedene Punkte im Suchraum fokussiert werden ohne dabei die beste Lösung aller Teilschwärme zu vergessen. Eine exemplarische Umsetzung für die PSO mit Teilschwärmen ist der Algorithmus *NichePSO* [BEF02].

Der Pseudocode (siehe Algorithmus 3.2) beschreibt den Ablauf des *NichePSO* und zeigt wie neue Teilschwärme erstellt werden. Er legt zu Grunde, dass jeder Partikel immer beobachtet wird und die Vergangenheit zugreifbar gemacht wurde.

Niching entstand im Bereich der EA aus den GA, wo das Problem des Auffindens mehrerer Lösungen zuerst angegangen wurde [Pet96]. Daraufhin wurde *Species-based PSO* von Paroot et al. entwickelt [PX06] das die einfachste Form einer *Niching*-PSO darstellt, indem die Population in Sub-Schwärme aufgeteilt wird, welche in Isolation für sich suchen. Es ähnelt mehreren parallelen PSO auf dem gleichen Suchproblem. Die Aufteilung geschieht dann, wenn ein interessanter Punkt im Suchraum gefunden wurde. Es wird ein Sub-Schwarm gebildet, der den interessanten Punkt näher untersucht. In Abbildung 3.3 ist eine einfache kommunikative *Niching*-PSO abgebildet. Der gesamte Schwarm ist nicht mehr zusammenhängend, sondern wird durch kleinere Sub-Schwärme repräsentiert, die jeweils einen interessanten Punkt im Suchraum untersuchen. Das bedeutet, dass innerhalb eines Sub-Schwarms eine Topologie, identisch zur normalen PSO, vorhanden ist, die einzelnen Sub-Schwärme jedoch zusätzlich auch noch eine Topologie haben,

1: **procedure** NICHEPSO
2:    Partikel im Hauptschwarm initialisieren
3:    **while** Terminierungsbedingung nicht erreicht **do**
4:       1. Beobachten und Veränderung der Position der Partikel
5:       2. Berechnung der neuen Fitnesswerte der Partikel
6:       **for all** SubSwarms **do**
7:          a. Beobachten und Veränderung der Position der Teilschwarm-Partikel
8:          b. Aktualisierung der Fitnesswerte
9:          c. Aktualisierung des Teilschwarmradius
10:       **end for**
11:       4. Wenn möglich mischen der Teilschwärme
12:       5. Abgeben von einzelnen Partikel des Hauptschwarms
13:       6. Suchen nach Partikeln, die im Hauptschwarm ihre Fitnesswerte minimal verändert haben, und erstellen neuer Teilschwärme
14:    **end while**
15: **end procedure**

Abbildung 3.2: Pseudocode des NichePSO-Algorithmus von Brits et al.

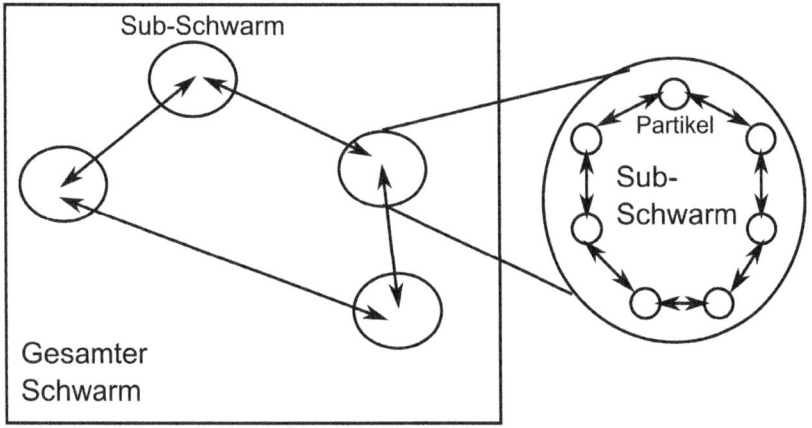

Abbildung 3.3: Aufbau einer Niching-PSO.

durch die sie Informationen austauschen können. Dies hat den Vorteil, dass jeder Sub-Schwarm zum größten Teil unabhängig von den anderen Sub-Schwärmen ein Teilgebiet im Suchraum explorieren und bei einer Lösung fokussieren kann. Da-

3.2 Arten der Partikel Schwarm Optimierung

durch können zu jeder Zeit aus verschiedenen Bereichen beste Lösungen präsentiert werden, und wenn es mehrere optimale Lösungen gibt, können diese gefunden werden [Li04].

Eine weiterführende Arbeit des *NichePSO*-Pseudocode von Brits et al [BEF02] wurde von Li [Li04] entwickelt. Dabei werden die verschiedenen Möglichkeiten der Sub-Schwärme diskutiert und evaluiert. Entscheidend bei dieser komplexeren *NichePSO* ist die Distanz zwischen den Sub-Schwärmen und der Punkt, welcher den Sub-Schwarm repräsentiert. Ist die Distanz zu nah, überlagern sich die Schwärme und agieren eher kontraproduktiv, da der gleiche Suchraum durchsucht wird. Ist sie zu weit gewählt, ist der Einfluss unter den Sub-Schwärmen zu gering, als dass ein anderer Schwarm aus einem Gebiet mit niedriger Güte abwandern kann. Wird die beste Einheit aus dem Sub-Schwarm gewählt, so kann es passieren, dass er am Rand des Sub-Schwarms liegt und damit an einen anderen Sub-Schwarm angrenzt; wird der Schwerpunkt des Sub-Schwarms gewählt, so muss er nicht repräsentativ sein [Li04].

Aufbauend auf diesen Ansatz haben Bird et al. einen Ansatz entwickelt, der dynamisch zur Laufzeit die Anpassung dieses Distanzparameters vornimmt (*adaptive niche PSO [ANPSO]*) [BL06]. Dabei beobachten sie zu jedem Schritt die Einheiten und die Sub-Schwärme und messen die Distanzen zwischen den Einheiten in den Sub-Schwärmen. Der daraus gebildete Mittelwert dient dann dazu, Partikel zu finden deren Sub-Schwärme sich überschneiden. Daraus wird dann eine neue *Niche* gebildet, welche somit aus den nächsten Einheiten besteht.

Ein Vergleich von der *NichePSO* die eine l_{best}-Topologie haben wurde von Li und Deb aufgearbeitet und 2010 vorgestellt [XD10].

Werden die Sub-Schwärme als eigenständige komplette Schwärme betrachtet, liegt es nahe, dieses als parallel berechnete PSO zu betrachten. Allerdings ist dabei zu beachten, dass ein *NichePSO* sequentiell berechnet wird. Geschieht dies parallel, sind neue Methoden notwendig, die unter anderem auch die Kommunikation betrachten, und fallen somit in den Bereich der parallelen PSO.

3.2.2 Parallele PSO

Parallele PSO bezeichnen Ansätze, bei denen eine PSO auf mehreren Rechnern optimiert und verteilt wird. Dabei kann es sich entweder um eine zusammenhängende PSO handeln oder aber mehrere einzelne PSO, die ihr Wissen austauschen.

Allgemein existieren zurzeit fast ausschließlich parallele PSO-Verfahren, die ein sehr hohes Kommunikationsaufkommen besitzen oder nur die ursprüngliche Idee hinter der PSO nutzen. Diese Verfahren sind dementsprechend schlecht skalierbar (Flaschenhals) und nur auf Clustern mit schnellen Netzwerkverbindungen oder auf *shared memory*-Systemen einsetzbar.

Schutte et. al [JJB$^+$04] ist eine frühe Veröffentlichung, die sich mit parallelen Schwarmalgorithmen befasst. Bei diesem Verfahren werden nur die Fitnessberechnungen parallel ausgeführt, alles andere bleibt sequenziell. Es existieren ein *Master*-Prozessor und mehrere *Slave*-Prozessoren. Der *Master* initialisiert n Partikel zufällig. Danach wird jedem *Slave*-Prozessor ein Partikel übergeben (man geht in dieser Arbeit von genau n *Slave*-Prozessoren aus) und der *Master* wartet, bis diese die Fitnesswerte berechnet haben. Haben alle *Slaves* ihre Fitnesswerte an den *Master* übergeben, berechnet dieser das globale Optimum, sendet dieses an alle *Slaves* und lässt diese die Fitness der nächsten Epoche berechnen usw. Kommt es aufgrund der Beschaffenheit der Fitnessfunktion oder verschiedener Arbeitsgeschwindigkeiten der Prozessoren zu unterschiedlichen Berechnungslaufzeiten, so müssen alle Prozessoren warten, bis der letzte fertig ist, damit eine Synchronisation stattfinden kann. Die gesamte Kommunikation findet immer gleichzeitig statt, obwohl für den Rest der Zeit nicht kommuniziert wird. Dies führt zwangsläufig wieder zu Latenzzeiten.

Etwas fortschrittlichere Lösungen bieten [GJ05] und [BARB06] an, die sich beide sehr ähneln. Auch hier gibt es wieder einen *Master* und *Slaves*. Der *Master* übernimmt die Initialisierung. Es werden wieder alle Partikel an die *Slave*-Prozessoren verteilt, um parallel die Fitness zu berechnen. An dieser Stelle wird jedoch nicht gewartet, bis alle Prozessoren ihre Berechnung beendet haben. Wenn ein *Slave*-Prozessor seine Fitnessberechnung beendet hat, sendet er seinen Partikel zusammen mit der Fitness zurück an den *Master*, dieser verwaltet alle Partikel in einer *First-In-First-Out*-Warteschlange (*FIFO-Queue*) und weist jedem freien Prozessor einen nächsten Partikel zu. Auf diese Weise können Prozessoren schon mit der Berechnung der nächsten Epoche beginnen, anstatt zu warten. Das beste gefundene globale Ergebnis kann entweder dann aktualisiert werden, wenn das letzte Partikel einer Epoche berechnet wurde [GJ05] oder nach jeder fertigen Berechnung mit Informationen aus der vergangenen und aktuellen Epoche [BARB06]. Der Unterschied dabei ist analog zum Unterschied zwischen dem Jacobi- und dem Gauss-Seidel-Verfahren zur Lösung linearer Gleichungssysteme. Dabei kommt der Ansatz von Venter und Sobieszczanski-Sobieski [GJ05] besser mit heterogenen Arbeitsgeschwindigkeiten der Prozessoren aus, jedoch muss für jede Berechnung

3.2 Arten der Partikel Schwarm Optimierung

eines Fitnesswertes ein Partikel hin und zurück geschickt werden. Dies kann z.B. bei extrem hochdimensionalen Suchräumen "teuer" werden, da Partikel mindestens drei Vektoren mit voller Dimension speichern müssen. Wird der Ansatz allerdings als *shared memory* betrachtet ist dieser Algorithmus effizienter als bei dem gleichen Ansatz mit einem *single memory*.

Es existieren weitere Ansätze, die Teilschwärme bilden und diese den einzelnen Prozessoren zuweisen. Diese Vorgehensweise wurde zuerst bei den Genetischen und Evolutionären Algorithmen unter dem Namen *island*-Modell verwendet [AT99, Sko05], jedoch zuerst in sequenzieller Form. Es sollten Situationen in der Natur nachgebildet werden, bei denen es innerhalb von Gruppen sehr häufig zum Austausch von Erbinformation kam, zwischen den Gruppen aber nur selten. Durch die Eigenschaft der Gruppenbildung lässt sich diese Idee leichter parallelisieren.

In [JSJJ05] und [CP06] wird ein paralleler PSO-Algorithmus beschrieben, der auf dem *island*-Modell beruht und sogar weitere Methoden der Genetischen Algorithmen verwendet. Jedem Prozessor wird zufällig ein Teil der Partikel zugewiesen, diese führen dann den PSO-Algorithmus für einige Epochen auf ihrem Sub-Schwarm aus. Danach werden von einem *Master* die besten Partikel bestimmt, kopiert, mutiert und an alle Prozessoren verteilt. Wie die Autoren beschreiben, ist dieses Verfahren nur auf unabhängigen oder leicht korrelierten Funktionen erfolgreich.

Definition 3.1
Eine Funktion wird als unabhängig (leicht korreliert) bezeichnet, wenn sie für einzelne Dimensionen (fast) unabhängig optimiert werden kann. So ist z. B. $f(x_1; x_2) = x_1 + x_2$ eine unabhängige Funktion, da der optimale Wert für x_2 unabhängig vom Wert x_2 gefunden werden kann.

Als andere Variante der Kommunikation wird eine Kopie des besten Partikels jeder Gruppe an die Nachbargruppen weitergereicht. Zur Bestimmung der Nachbarn werden die Prozessoren in einem Ring angeordnet. Diese Methoden stammen beide aus dem Bereich der Genetischen Algorithmen. Leider wird in diesen Arbeiten kaum eine Begründung geliefert, warum diese Methoden auch bei Partikelschwärmen funktionieren könnten. Auch bei diesem Verfahren kann es durch die synchrone Vorgehensweise zu langen Wartezeiten einzelner Prozessoren kommen. Zusätzlich kann das Verteilen der besten Partikel über alle Sub-Schwärme hinweg schnell zu einem ähnlichen Verhalten der Sub-Schwärme (Überschneidungen) führen und somit zu einem Verlust der Diversität, die eine der Stärken des *island*-Modells ist. Die statistischen Auswertungen der Experimente besitzen leider kaum Aussagekraft, da nicht erwähnt wird, um was für eine Größe es sich bei den abgedruckten

Zahlen handelt und wie diese zustande kamen. Hinzu kommen fehlende Kenngrößen wie Varianz, Standardabweichung oder Quantilen.

Ein paralleler *Multi-Objective-PSO*-Algorithmus (MOPSO) wird in [MBS07] vorgestellt. Auch dieser Ansatz basiert auf einem *Master-Slave*-Modell. Wieder werden die Partikel in Subschwärme aufgeteilt und an Prozessoren verteilt, die auf ihren Sub-Schwärmen für einige Epochen einen MOPSO-Algorithmus berechnen. Nach jeder dieser Berechnungen wird die Menge nicht dominierter Werte, die jeder Prozessor gefunden hat, an den *Master* gesendet. Die Autoren stellen fest, dass es wichtig ist, die Diversität der Sub-Schwärme zu erhalten, indem Überschneidungen der Sub-Schwärme vermieden werden. Hierzu wird eine Menge Anführer aus der Pareto-optimalen Menge bestimmt und jedem Prozessor wird ein Anführer zugewiesen. Die Prozessoren initialisieren dann ihren eigenen Sub-Schwarm in der Nähe ihres Anführers. Das Ganze wird asynchron realisiert, indem jeder Prozessor wieder einen Anführer zugewiesen bekommt, sobald er mit der Berechnung seiner Epochen fertig ist. Wie statistische Ergebnisse belegen, entstehen keine unnötigen Wartezeiten auf Prozessoren und die Pareto-Front wird gleichmäßig abgesucht. Die Einschränkung der Initialisierung neuer Partikel in der Nähe bereits gefundener Anführer kann jedoch dazu führen, dass bestimmte Bereiche des Suchraums nie erreicht werden. Durch die Reinitialisierung der Partikel nach einer bestimmten Anzahl Epochen werden gute Partikel, die nicht zur Pareto-Front gehören jedes Mal gelöscht. Dies kann zu einem *Overhead* führen.

Eine Zusammenfassung der Ansätze ist zur Übersicht nochmal in Tabelle 3.1 aufgeführt.

3.2 Arten der Partikel Schwarm Optimierung

Verfahren	Struktur	Aufteilung der Partikel	Kommunikation	Eigenschaft
[JJB+04]	Master-Slave	Master weist Slaves einzelne Partikel zu	Synchron - Master bestimmt g_{best}	Hoher Kommunikationsaufwand und Wartezeiten, entspricht genau PSO.
[GJ05]	Master-Slave	Master weist Slaves einzelne Partikel zu - Round Robin	Asynchron - Master bestimmt g_{best} nach Berechnung aller Partikel	Hoher Kommunikationsaufwand, entspricht genau PSO.
[BARB06]	Master-Slave	Master weist Slaves einzelne Partikel zu - Round Robin	Asynchron - Master bestimmt g_{best} nach jeder Partikelberechnung	Hoher Kommunikationsaufwand, weicht minimal von PSO ab.
[JSJJ05] [CP06]	Master-Slave	Master verteilt Partikel gleichmäßig an Slaves	Synchron - Master bestimmt beste Partikel. Kopiert, mutiert und verteilt sie an die Slaves oder Kopie des besten Partikels einer Gruppe wird an die nächste weitergereicht	Geringer Kommunikationsaufwand, weicht stark von PSO ab, benutzt Methoden der Genetischen Algorithmen, erfolgreich nur auf leicht korrelierten Funktionen.
[MBS07]	Master-Slave	Master verteilt Partikel gleichmäßig an Slaves, später erzeugen Slaves Partikel in der Nähe ihres Leaders	Asynchron- Slaves schicken dem Master ihre gefundenen nicht dominierten Werte, Master weist den Slaves einen Leader zu	Weicht etwas von MOPSO ab, recht früh auf Teile des Suchraums beschränkt. *Overhead* durch wiederholte Reinitialisierung von Partikeln.
[MSD+08]	Peers	zufällig	Synchron - die besten Partikel werden innerhalb der Nachbarschaft kopiert	Weicht von PSO ab beschleunigt Konvergenz, verliert an Diversität.

Tabelle 3.1: Zusammenfassung der parallelen Ansätze der PSO.

3.2.3 Hybride Schwärme

Ein weiteres Teilgebiet der PSO ist die Kombination der Standard-Optimierung mit einer zweiten Metaheuristik. Diese sogenannten hybriden Ansätze kombinieren verschiedene Ansätze und ergänzen die PSO, um dadurch spezielle Probleme effizienter zu lösen.

Der Ansatz das Prinzip der GA, wie *mutation* und *crossover* in den PSO zu integrieren zeigt Yin in [Yin06]. Dabei soll eine polygonale Approximation eines Teilbildes berechnet werden, in denen einzelne Partikel einer normalen PSO zusätzlich durch *crossover*-Operatoren Einfluss aufeinander nehmen und somit neue Partikel erzeugen.

Özcan et al. [ÖB09] kombinieren das Einzellösungsverfahren *Hill-Climbing* mit einer PSO, indem sie für jeden Partikel zwei mögliche nächste Positionen berechnen. Anhand eines Schwellenwertes, der auf die Veränderung des besten Fitnesswertes abzielt, nutzen sie entweder den durch Wahrscheinlichkeiten berechneten Punkt oder den durch die Original-PSO berechneten Punkt. Dadurch ist die PSO in der Lage aus lokalen Minima zu entkommen und im *Niching* Teilschwärme wieder zu aktivieren und nach neuen besten Punkten suchen zu lassen.

Ein hybrider Ansatz mit einer exotischen Metaheuristik wird von Li und Li [LL07] vorgestellt. In dieser NHPSO (*Novel-Hybrid-PSO*) wird die PSO mit einer *Harmony-Search*-Metaheuristik kombiniert, um dadurch eine höhere Exploitationsrate in hochdimensionalen Suchräumen zu erreichen.

Ein interessanter Ansatz ist die Kombination von PSO mit GA. Permalatha et al. [PN09] stellen Möglichkeiten vor einen GA mit einer PSO zu kombinieren. Die Idee dahinter ist, der im Vergleich schnellen Fokussierung einer PSO entgegenzuwirken und durch genetische Kombination von Partikeln, eine höhere Exploration zu erzielen. Sie unterscheiden dabei in drei verschiedene Kombinationsarten:

1. PSO und GA laufen parallel und der g_{best}-Partikel der PSO fließt in den GA ein. Anhand dieses Wertes wird dann ein *crossover*-Operator angewendet und die anderen Einheiten mit dem g_{best} kombiniert.

2. Der p_{best}-Wert eines Partikels wird anhand des *mutation*-Operator verändert und dadurch eine neue Position berechnet.

3. Der dritte Ansatz basiert darauf, dass die initiale Population von der PSO aus dem Ergebnis des GA resultiert. Es ist also keine wirkliche Kombination

3.2 Arten der Partikel Schwarm Optimierung

der Ansätze, sondern ein sequentielles Ausführen, wobei ein Algorithmus Einfluss auf den Start des anderen besitzt.

Das Ergebnis ist, dass sich die erste Art der Kombination als am effizientesten herausgestellt hat, allerdings alle Kombinationen effizienter als die Standard-PSO waren. Es zeigt sich, dass eine Kombination von Metaheuristiken eine Idee ist, welche weiterverfolgt werden sollte. Was bei der Arbeit außer Betracht gelassen wurde, ist der Rechenaufwand, welcher höher liegt, als bei einer einzelnen PSO. Angewendet haben Premelatha et al. diese Technik bei einer Dokumenten-Klassifikation [PN10].

Eine weitere Kombination von Metaheuristiken wird von Holden et al. [HF07, HF05, HF06] vorgestellt. Sie nutzen diese Kombination dazu, im Bereich des *Data-Mining* eine Regel zur Klassifizierung zu berechnen, zu welcher die Standard-PSO nur bedingt in der Lage wäre, da sie numerische kombinatorische Probleme löst. Eine PSO wurde von Sousa et al. für Klassifizierungsaufgaben genutzt, allerdings dabei nicht zur Berechnung der Klassifizierungsregel [SSN04]. Durch die Verbindung mit einer ACO stellt sich heraus, dass eine Grundregel durch die PSO erstellt werden kann, welche dann durch die ACO und die dazugehörigen Nachbarschaftsoperatoren, die den Graph für die ACO aufziehen, kombiniert werden kann. Durch die Pheromonspur der ACO werden dann beste Regelsätze zur Klassifikation berechnet und die Klassifizierung kann beginnen.

Um Stromerzeugung und Verteilung zu optimieren, nutzt Sinha et al. [SPP09] einen hybriden Ansatz, in dem er die PSO mit selbstanpassungsfähigen EA kombiniert. Dabei integriert er die PSO in die klassische Evolutionäre Programmierung (EP) in drei verschiedenen Arten:

1. Die nächste Generation wird durch die Richtung des Schwarms beeinflusst. Dies geschieht dadurch, dass die neue Position mit der Erzeugung der nächsten Einheit der EP kombiniert wird.

2. Die nächste Generation wird in die neue Positionsberechnung der PSO einbezogen und erst dann wird die neue Geschwindigkeit der Partikel berechnet.

3. Es wird die nächste Generation bei der EP gebildet und mit der alten verglichen, die besten Einheiten werden dann durch die PSO genutzt, um neue Positionen zu berechnen.

Durch Anwenden auf Optimierungsprobleme der Stromindustrie ergab sich in der Arbeit von Sinha et al. [SPP09], dass die hybriden Ansätze effizienter abschnitten als die normalen Ansätze wie EP und GA. Des Weiteren ist die dritte Art der Kombination am effizientesten und konvergiert am schnellsten im Vergleich zu den vorgestellten Kombinationsmöglichkeiten.

Aber auch *Tabu-Search* kann mit der PSO kombiniert werden wie Shen et al. [SSK08] zeigen. Diesen Ansatz greifen Bekrar et al. auf [BCT$^+$11] und erweitern ihn für nicht lineare Problemklassen mit Bedingungen. Dabei führen sie zwei Tabu-Listen, die bei der Berechnung der nächsten Position im Suchraum genutzt werden. In der ersten Liste führen sie alle Lösungen, die eine Bedingung verletzen und damit nicht gültig sind. Die zweite Liste enthält p_{best}-Positionen, die jedesmal erweitert wird, wenn anhand von Nachbarschaftsoperatoren, welche auf den aktuellen p_{best}-Wert angewendet werden, eine neue bessere Lösung gefunden wird. Somit sammeln sich in dieser Liste die besten Positionen, die nicht durch die PSO direkt gefunden worden sind, sondern durch die Kombination mit *Tabu-Search* entstanden sind. Evaluiert wurde es an einem T-Kreuzungsproblem in der Industrie-Domäne (Kühlsysteme etc.). Die Ergebnisse des Ansatzes zeigen, dass die Kombination der beiden Verfahren in den getesteten Szenarien besser abschneiden als eine normale PSO, allerdings nicht zwingend besser als GA sind.

3.3 Selbstorganisierende Optimierung

Die verschiedenen Einheiten der Optimierung können als reflexive Agenten betrachtet werden [RN03], da sie auf die Umwelt sofort reagieren und dabei kein konkretes Ziel verfolgen. Aus diesem Blickwinkel heraus und durch die kommunikativen Fähigkeiten können unter anderem Agenten genutzt werden, um eine Metaheuristik zu repräsentieren und berechnen zu lassen.

Adriaen et al. [ACVB06] nutzen diese Erkenntnis um, angelehnt an einer ACO, Einheiten als Agenten darzustellen und damit ein *Tabu-Search*-Problem zu lösen. Dabei erstellt jeder Agent eine Lösung, welche dann verglichen werden. Durch eine mitgeführte Tabu-Liste werden im nächsten Schritt schon bekannte Lösungen ausgeblendet.

Einen weiteren Ansatz, die Einheiten als Agenten zu repräsentieren, liefern Aydin et al. [AWZ10], indem sie einen Schwarm aus entweder homogenen oder he-

3.3 Selbstorganisierende Optimierung

terogenen Agenten bilden. Die Idee dabei ist, Nutzen aus verschiedenen Metaheuristiken zu ziehen und dies durch Kommunikation zwischen den Agenten zu vereinen. Jeder Agent berechnet die nächste Position und kommuniziert diese den anderen Agenten. Homogen bedeutet dabei, dass alle die gleiche Metaheuristik nutzen und ein Schwarm ähnlich agiert wie die angewandte Metaheuristik. Heterogene Schwärme sind eine Menge von Agenten, die aus verschiedenen Metaheuristiken bestehen. So nutzen Ayden et al. vor allem PSO und SA als Techniken und erzielen damit gute Erfolge in der Berechnung von Knapsackproblemen [AWZ10].

Mora et al. veröffentlichen [MSD$^+$08] einen weiteren, auf Agenten basierenden, Ansatz. Jeder Agent läuft auf einem eigenen Prozessor. Agenten übernehmen die Kontrolle über Sub-Schwärme und sind für die gesamte Kommunikation zuständig. Jeder Agent hat eine feste Anzahl Nachbar-Agenten, denen er die Daten seiner besten Partikel zukommen lässt. Unter den besten Partikeldaten seiner Nachbarn sucht jeder Agent wiederum die Daten, welche die beste Fitness besitzen aus und benutzt diese als Ersatz für seine Partikel mit den schlechtesten Fitnesswerten. Dieser Schritt geschieht alle drei Epochen. Der in dieser Arbeit entwickelte Algorithmus wurde erfolgreich zur Optimierung der Pipeline-Abläufe von TransCanada, einem kanadischen Strom- und Gasversorger, eingesetzt. Die Autoren zeigen damit, dass der häufige Austausch bester Partikel in diesem Verfahren für eine gemeinsame Konvergenz und den Verlust der Diversität sorgt. Dies kann sinnvoll sein, wenn alle Agenten genau ein Optimum finden wollen. Sowohl bei multimodalen und multiobjektiven Funktionen, als auch bei Funktionen mit vielen lokalen Optima, führt dieses Verhalten zu schlechteren Ergebnissen. Auch [MSD$^+$08] geht weder auf den Kommunikationsaufwand, noch auf die Lastverteilung ein.

Ein weiterer Ansatz, der die Fähigkeit der Selbstorganisation aufgreift ist SOP-SO (*Self-Organization PSO*) [JZH06]. PSO, die sich selber regulieren können, haben den Vorteil, dass sie mögliche Fehleinstellungen der Parameter erkennen und ausbessern können. Dabei wird eine Entscheidungskomponente eingebaut, welche alle Partikel beobachtet und die Fähigkeit besitzt, diese auf der aktuellen Funktion die nächsten Schritte simulieren zu lassen. Anhand dieser Folge an Epochen können nun den Partikeln die besten Parametersätze zugewiesen werden. So kann zwar die Explorationsrate gesteuert werden, allerdings ist die Berechnung durch die Simulation aufwendiger und somit intensiver.

Abbildung 3.4: Ebenen-Abbildung der Agenten-Struktur nach Roli et al.

Komplexe Agentensysteme und Metaheuristiken

Die Kombination von Agenten und Metaheuristiken liegt auf der Hand, wenn davon ausgegangen wird, dass Metaheuristiken eine Lösung für Probleme liefern. Agenten nutzen Hilfsmittel um in ihrer Umgebung zurecht zu kommen und zielgerichtet zu handeln. Liegt ein Optimierungsproblem vor, so ist der Agent in der Lage als Hilfsmittel eine Metaheuristik zu nutzen um damit das Problem zu lösen. Der Vorteil für die Metaheuristiken liegt in der möglichen separaten Steuerung, die im Gegensatz zu den verteilt genutzten Ansätzen keine starre Parametrisierung voraussetzt. Roli et al. [RM02] beschreiben ein Framework für Agentengesteuerte Metaheuristiken (*MAGMA*). Sie teilen ihr Multi-Agenten-System dabei in vier Ebenen (*engl.: levels*) auf, wobei jede Ebene spezielle Agenten besitzt die spezifische Aufgaben angehen. Dabei gehen sie streng von einer speziellen Lösung in Ebene null zu einer abstrakteren Sicht auf das komplette Problem auf Ebene drei ein (siehe Abbildung 3.4). Die Agenten können jeweils in ihrer Ebene untereinander kommunizieren haben aber zusätzlich die Möglichkeit auch mit der nächsten Ebene zu sprechen. Die Ebenen sind wie folgt angelegt:

Ebene 0: In dieser Ebene werden die generellen Eigenschaften der Metaheuristik ausgewertet und versucht eine Initiallösung zu berechnen. Dabei werden Variabeln belegt und Parameter gesetzt um die Metaheuristik vernünftig nutzen

3.3 Selbstorganisierende Optimierung

zu können.

Ebene 1: Diese Agenten bekommen die Initiallösung von Ebene Null und versuchen nun, mit einer lokalen Suche in der speziellen Metaheuristik, bessere Lösungen in ihrem Teil-Suchraum zu finden. Dabei besitzen sie ein Kurzzeitgedächtnis, welches die letzten vollzogenen Schritte beinhaltet. Als Ziel produzieren die Agenten in Ebene eins eine verbesserte Lösung, die häufig ein lokales Optimum widerspiegelt.

Ebene 2: Auf dieser Ebene befinden sich die strategischen Agenten, welche die verbesserten Lösungen erhalten und abspeichern. Basierend auf diesen Lösungen analysieren sie den Suchraum und geben Wahrscheinlichkeiten an, welcher Suchbereich potentiell das globale Optimum beinhaltet und ob die Lösungsagenten von Ebene eins eher explorieren oder fokussieren sollten.

Ebene 3: Die Agenten in Ebene drei sind die Koordinationsagenten. Sie beobachten die unterliegenden Ebenen und gleichen die Tätigkeiten mit dem übergeordneten Ziel ab. Durch diese Evaluation der Verhalten der unterliegenden Ebenen kann bei Fehlverhalten eingegriffen werden, wenn es z.B. Probleme bei der Ausführung der einzelnen Aufgaben gibt. Sie betreiben eine Art Meta-Schlussfolgern auf Basis der Beobachtungen von anderen Agenten, um somit das System zu optimieren.

Zusammen bilden diese Ebenen eine Art selbststeuerndes System, welches in der Lage ist, verschiedene Metaheuristiken zu berechnen und dabei zu steuern. Es wird leider kein Hinweis auf die Techniken der Anpassung in der strategischen Ebene gegeben, sondern lediglich das Framework beschrieben, welches in der Lage sein soll, dies zu tätigen. Getestet wurde dieses System mit ACO und GRASP, wobei dabei klar gestellt wurde, dass nicht zwingend alle Ebenen genutzt werden müssen.

Meignan et al. erarbeiteten eine organisatorische Sicht auf Metaheuristiken für ein Agenten-*Framework* [MCK08]. In Abbildung 3.5 deuten sie seine Organisation von Metaheuristiken an. Dabei geben sie verschiedene Rollen an, welche innerhalb einer Metaheuristik vergeben werden können. Diese können dann von Agenten eingenommen werden, welche sich untereinander austauschen und damit die gesamte Metaheuristik repräsentieren. Die wichtigsten Rollen sind die Explorier- und Fokussierrolle. Diese Agenten beobachten das aktuelle Verhalten und erhöhen oder verringern die Explorationsrate, je nachdem wie sich die Metaheuristik verhält. Damit sich die beiden Rollen nicht gegenseitig ausschließen oder sogar konkurrieren, gibt es die *Guided*-Rolle, welche zwischen den beiden Rollen vermittelt

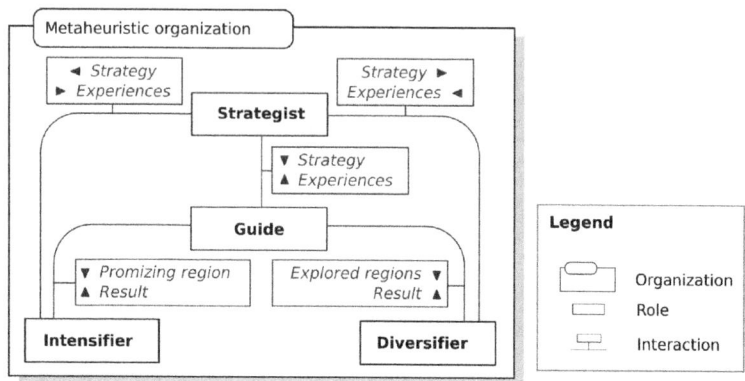

Abbildung 3.5: Metaheuristische Organisation nach Meignan et al. [MCK08].

und dafür sorgt, dass es ausgeglichen ist. Des Weiteren bildet sie die Schnittstelle zu dem Speicher, den z.B. *Tabu-search* benötigt um die Tabu-Liste zu führen. Dadurch ist die *Guided*-Rolle erweitert um eine Art Management für die beiden Explorier- und Fokussierrollen. Eine übergeordnete Rolle ist die Strategierolle. Diese Rolle wird benötigt, falls Metaheuristiken sich dem Problem anpassen müssen und somit Veränderungen benötigen, die nicht innerhalb einer Optimierung entschieden werden können. So könnte z.B. die Anzahl der Einheiten innerhalb der Metaheuristik angehoben oder gesenkt werden. Diese organisatorische Sicht auf die Rollen wird dann durch ein Koalitionsmodell erweitert, indem Meignan et al. genau beschreiben, wie die Interaktion zwischen den Agenten aussehen muss, um gemeinsam eine Metaheuristik zu berechnen.

3.4 Fazit

Zusammenfassend ist zu erkennen, dass Partikel Schwarm Optimierung viele Möglichkeiten bietet, flexibel gestaltet und genutzt zu werden. Die Erweiterungsmöglichkeiten und Kombinationsmöglichkeiten lassen die PSO soweit nutzbar werden, dass jegliche Art von Problemen effizient angegangen werden kann.

Parallele Ansätze sind durch steigende Komplexität der Problemfunktionen immer weiter verbreitet. Jedoch zeigt sich dabei keine wirkliche Kooperation zwi-

3.4 Fazit

schen den Clients. Es wird verteilt berechnet und dann wieder zu einem Schwarm zusammengelegt. Dabei ist das Problem der heterogenen Rechnerkapazitäten und der damit zusammenhängenden schnelleren Berechnungen einzelner Partikel stets gegenwärtig. Die Kombination von PSO wird zwar genutzt, ist aber eher als großes *Niching* anstelle eines gesamten Schwarms zu sehen. Eine Kombination von PSO, welche ihr Wissen austauschen, wird nicht angegangen.

Kombinationen von Heuristiken und Metaheuristiken sind ein weit angewandtes Feld und es zeigt sich, dass hybride Ansätze durchaus erfolgreich sind und bessere und effizientere Mechanismen bieten, um Optimierungsprobleme zu lösen. Allerdings ist zu beachten, dass keine dieser Ansätze den Berechnungsaufwand untersuchen bzw. die Laufzeiten der Algorithmen vergleichen. Die Standard- Optimierungsmethoden, gerade in der Schwarmoptimierung, zeichnen sich durch ihre effiziente und schnelle Laufzeit aus. Dies kann durch Erweiterungen oder Ergänzungen zu einem negativen Effekt führen, sodass zwar ein Ergebnis mit höherer Güte entsteht, dies aber ebenfalls eine höhere Rechenkapazität erfordert, welche nicht zwingend vorhanden sein muss. Des Weiteren, sind viele der hybriden Ansätze auf spezielle Probleme zugeschnitten, um damit auch für diese Problemklassen eine Lösung zu finden. Dies widerspricht der Definition von Metaheuristiken, welche universell anwendbar sein sollen.

Agenten und Metaheuristiken werden ebenfalls erfolgreich angewandt. Es stellt sich allerdings heraus, dass die Metaheuristiken nur dazu dienen die Entscheidungsfindung des Agenten zu unterstützen und ein Problem für den Agenten zu lösen. Eine wirkliche Kombination von Metaheuristiken und Agenten wird nicht beschrieben.

Zusammenfassend ist zu erkennen, dass Metaheuristiken, im speziellen die PSO, in der Grundart ihrer Eigenschaften und dem Verhalten nicht verändert wurden. Es wird davon ausgegangen, dass die Optimierung angestoßen wird und am Ende ein Ergebnis liefert. Selbst in den hybriden Ansätzen wird zwar versucht, positive Eigenschaften verschiedener Methoden zu kombinieren, allerdings wird dabei nicht auf gezielte Steuerung und Einsetzen dieser Eigenschaften geachtet. Viele Optimierungsmethoden im Bereich der Schwarmoptimierung basieren auf dem Einfluss von Wahrscheinlichkeiten (PSO, GA, ACO, AS uvm.), sowie auf der Konfiguration des Algorithmus. Je nachdem wie diese Einflüsse ausfallen, wird die Güte des Ergebnisses unterschiedlich hoch ausfallen. Nichtsdestotrotz ist es möglich, Schwarmoptimierung zu beschreiben und dabei gewisse Eigenschaften zuzuordnen. In keinem Ansatz wird ein gezielter Nutzen aus Eigenschaften gewonnen und diese während der Optimierung dynamisch ausgelöst. Diese starren Verhaltensmuster lassen ein gezieltes Explorieren des Suchraums und eine dynamische Integration von Zusatzwissen nicht zu. An diesem Punkt setzt der Ansatz dieser Arbeit an.

Teil III

Agentenbasierte Schwarmintelligenz

4 Kontrollierte Agenten-gesteuerte Schwarmoptimierung

In dieser Arbeit soll eine flexible Kombination von Agenten und einer Populations-basierten Metaheuristik erarbeitet und gestaltet werden. Der Agent soll die aktuelle Optimierung beobachten können und aus deren Verlauf Wissen extrahieren, um es zum einen mit anderen Agenten zu teilen, aber auch um erhaltenes Wissen zu integrieren. Dazu muss eine flexible Struktur der Metaheuristik gestaltet werden, welche unter anderem das dynamische Verändern der Parameter zulässt. Dabei ist es wichtig, dass der aktuelle Fortschritt gespeichert wird und die Optimierungseigenschaften der Metaheuristik nicht verändert werden, sondern weiterhin die Vorteile vorhanden bleiben. Im Speziellen soll die PSO auf ihre flexiblen Eigenschaften untersucht werden.

Um dieses Ziel zu erreichen, muss untersucht werden, ob und wie das Generieren von Wissen möglich ist und ob dieses Wissen auch nicht nur zwischen PSO, sondern auch Metaheuristik-übergreifend genutzt werden kann. Ist der Austausch möglich, so ergibt sich die Möglichkeit eine Kombination von verschiedenartigen Metaheuristiken zuzulassen. Dazu sollen die zum Teil starren Strukturen der im Kapitel 3 vorgestellten Arbeiten, einer dynamischen Exploration und Fokussierung weichen und dabei in Bezug auf Effizienz der Optimierung und Güte der Lösung auch in verteilten Systemen an Qualität und Leistung zunehmen.

In diesem Abschnitt wird ein System entwickelt werden, welches es ermöglicht, autonom eine Optimierung zu initiieren, zu beobachten, zu verändern und zielgerichtet zu steuern. Dabei ist das Fundament ein *Framework* für Metaheuristiken, das u.a. die einzelnen Abschnitte der PSO flexibel zugänglich macht (siehe Abbildung 4.1). Aufbauend auf diesem *Framework* muss eine Agentenstruktur vorhanden sein, um das autonome Steuern der Metaheuristik sowie das Verteilen von Wissen zu ermöglichen. Die einzelnen tragenden Säulen der PSO sind die *Initialisierung, Terminierung* und die *Epoche*. Jede dieser Säulen beeinflusst das Verhalten der PSO und ist somit offen für potentielle Veränderungen und Erweiterungen. Jede dieser Säulen soll in diesem Kapitel angegangen und auf die oben genannten Ziele hin erweitert werden.

4 Kontrollierte Agenten-gesteuerte Schwarmoptimierung

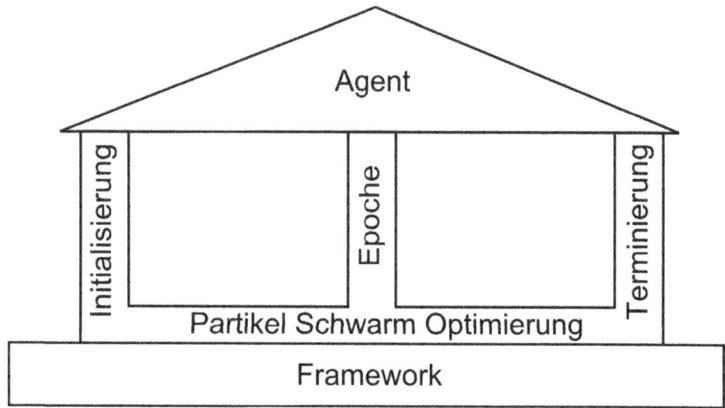

Abbildung 4.1: Konzeptionelle herangehensweise an die Erweiterungen der PSO.

Das Ziel ist es dabei, ein Ergebnis höherer Güte zu erlangen, welches sich in Zeit und Qualität gegenüber dem „normalen" Optimierungsverlauf ohne äußeres Eingreifen bewährt. Dazu wird der Abschnitt III wie folgt strukturiert: Als Einstieg wird das Konzept beschrieben, in dem die Architektur des Programms und die Ideen, wie ein solches autonomes System aussehen könnte, skizziert werden. Dabei wird der Fokus auf die Eigenschaften gesetzt, welche insbesondere bei einer Populations-basierten Metaheuristik dazu führen, den Optimierungsverlauf zu verbessern. In Kapitel 5 wird ein effizienter Ansatz zur parallelen Berechnung einer Optimierung auf heterogenen Rechnern vorgestellt, wobei dabei der Fokus neben der Parallelität auch auf den Austausch und die Integration von Wissen zwischen den parallelen Schwärmen gelegt wird. Im folgenden Kapitel 6 werden verschiedene Arten von dynamischen Schwarmkonfigurationsmöglichkeiten betrachtet. Dabei wird ein mathematischer Ansatz und ein Ansatz der auf Schwarmeigenschaften basiert vorgestellt. Im Anschluss wird gezeigt, dass es möglich ist, einen Schwarm zu beeinflussen und damit steuerbar zu machen, ohne den Grundalgorithmus der Optimierung zu verändern. In Kapitel 8 werden die vorgestellten Ansätze anschließend diskutiert.

4.1 Aufbau einer PSO

Um eine Optimierung erfolgreich zu steuern und autonom zu konfigurieren sind verschiedene konzeptionelle Vorarbeiten nötig. In erster Linie wird ein Programm benötigt, welches nicht nur eine Agentenumgebung bereitstellt, die als autonomes Konstrukt die Optimierung verwaltet, sondern ebenfalls eine Schnittstelle besitzt, welche die dynamische Konfiguration von Populations-basierten Metaheuristiken ermöglicht. Anhand der PSO werden die verschiedenen Prozessabschnitte von Metaheuristiken exemplarisch dargestellt. Es wird dabei zwischen *Initialisierung*, *Epoche* und *Terminierung* sowie *Ergebnis* unterschieden. Diese Unterscheidung findet sich in den gängigsten Populations-basierten Metaheuristiken wieder. Diese verschiedenen Abschnitte der PSO sind auch die einzigen Möglichkeiten den Prozess der Optimierung zu beeinflussen. Jeder Abschnitt ist unabhängig von den anderen und kann somit verändert werden ohne dabei die anderen Abschnitte ebenfalls zu verändern. Im Folgenden wird diese Kategorisierung des Prozesses in ein *Framework* eingehen welches für diese Arbeit entwickelt wurde und in Bogon et al. [BLLT10] detailliert beschrieben ist.

Im Rahmen dieser Arbeit wird eine PSO in vier große Prozessabschnitte gegliedert, in denen jeweils ein wichtiger Teil der Optimierung berechnet wird (Abbildung 4.2):

- *Initialisierung:*
  Dieser Prozessabschnitt bestimmt den kompletten Aufbau und die Parametrisierung der Optimierung; die wichtigen Parameter für die Berechnung der Epochenaktualisierung, den Einfluss des sozialen/persönlichen Faktors sowie die Einstellungen der Schwarmgröße (Anzahl der Partikel). Der Schwarm wird ebenfalls hier konfiguriert und jeder Partikel bekommt eine Startposition und eine Startgeschwindigkeit. Diese Faktoren werden dann der „Epoche" übergeben die die eigentliche Optimierung berechnet. Der „Terminierung" übergibt die „Initialisierung" die mögliche Terminierungsoption und das Abschlusskriterium, wann die PSO terminieren soll.

- *Epoche:*
  In dem „Epochen"-Abschnitt findet der Optimierungsvorgang statt. Die konkret instantiierten Parameter aus der „Initialisierung" werden übernommen und anhand der zusätzlichen Parameter evaluiert und neu berechnet. Die Neuberechnung beinhaltet dabei die Positions- und Geschwindigkeitsberechnung von jedem Partikel. Anhand der Topologie werden die besten Positionen ausgetauscht und die jeweilige Information über den aktuellen Stand

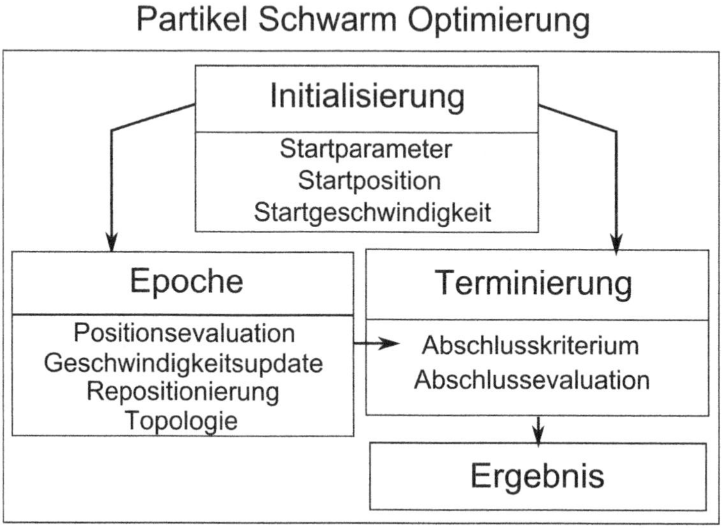

Partikel Schwarm Optimierung

```
                    ┌─────────────────────────┐
                    │    Initialisierung      │
          ┌─────────┤  Startparameter         ├─────────┐
          │         │  Startposition          │         │
          │         │  Startgeschwindigkeit   │         │
          ▼         └─────────────────────────┘         ▼
┌─────────────────────────┐              ┌─────────────────────────┐
│        Epoche           │              │     Terminierung        │
│  Positionsevaluation    │─────────────▶│  Abschlusskriterium     │
│  Geschwindigkeitsupdate │              │  Abschlussevaluation    │
│  Repositionierung       │              └───────────┬─────────────┘
│  Topologie              │                          │
└─────────────────────────┘                          ▼
                                          ┌─────────────────────────┐
                                          │       Ergebnis          │
                                          └─────────────────────────┘
```

Abbildung 4.2: Grundarchitektur einer PSO.

der Optimierung an die „Terminierung" weitergegeben.

- *Terminierung:*
  Der Abschnitt „Terminierung" bekommt die aktuellen Daten der laufenden Optimierung von der „Epoche" und vergleicht diese Daten dann mit dem von der „Initialisierung" gesetzten Abschlusskriterium. Abhängig von diesem Vergleich wird die Optimierung fortgesetzt oder beendet. Wird sie beendet, findet die Abschlussevaluation statt, in der die beste gefundene Position, sowie der Fitnesswert ausgegeben und dem „Ergebnis" zugeliefert werden.

- *Ergebnis:*
  Dieser Prozessabschnitt hält nach Beendigung der Optimierung das finale Ergebnis der Optimierung fest.

Wie zu erkennen ist, sind die Abschnitte jeweils unabhängig voneinander. Jeder Abschnitt bekommt lediglich die Daten aus einem anderen Abschnitt und ist dann eigenständig. Die einzige Rückmeldung gibt es zwischen der „Terminierung" und der „Epoche". Hierbei gibt die „Terminierung" eine Rückmeldung, ob die Optimierung abgeschlossen ist oder nicht. Beide Abschnitte sind folglich unabhängig und nutzen nur die Daten, die sie bekommen. In dieser Arbeit wird jeder der vorgestellten Prozessabschnitte näher betrachtet und auf mögliche Verbesserungen und

Integration von neuen Methoden überprüft und ausgebaut. Da die Abschnitte unabhängig sind, kann dies bei jedem Abschnitt ohne Bezug (sofern nicht neue Daten innerhalb eines Prozessabschnitts generiert werden, die zwischen den Prozessabschnitten ausgetauscht werden müssen) zum anderen vollzogen werden.

Um diese verschiedenen Verbesserungen testen zu können und ebenfalls die Integration von Agenten-Technologie zu bewerkstelligen, soll ein *Framework* entwickelt werden, welches die dazu benötigten Fähigkeiten besitzt.

4.2 Konstruktion des *Frameworks*

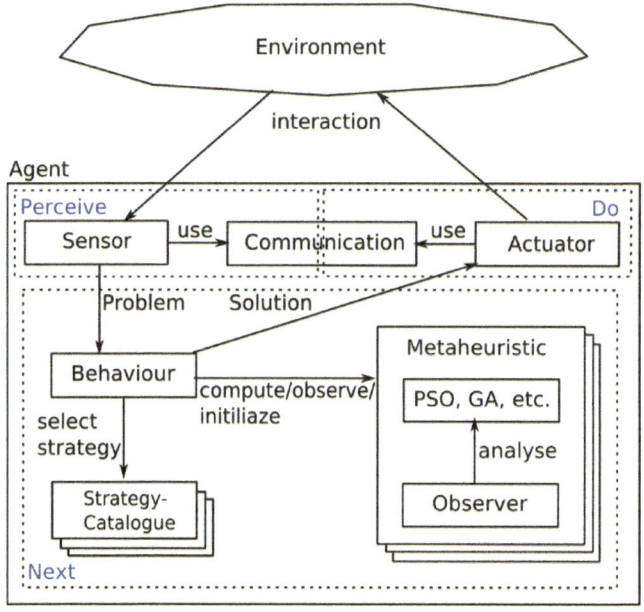

Abbildung 4.3: Agenten-Struktur zur Berechnung, Steuerung und Beobachtung von Metaheuristiken.

Das entwickelte *Framework*, welches nicht nur eine fundierte Evaluation von Forschungsfragen im Bereich der Metaheuristik ermöglicht, sondern auch ein Konstrukt bildet, das eine Optimierung startet und während der Laufzeit neue Zielen zuordnen kann, bietet alle notwendigen Möglichkeiten den vorgestellten Ansatz umzusetzen. Des Weiteren bietet es die Möglichkeit, Agenten und Agenten-Technologie an Metaheuristiken anzubinden. Eine detailliertere Beschreibung des *Frameworks* ist in Bogon et al. [BLLT10] zu finden.

Das Grundkonstrukt des *Frameworks* bietet eine Agenten-Struktur, welche aus einer *Perceive-next-do*-Schleife besteht (vgl. [Woo09, STH06]). Der Agent ist in einer Umgebung (*Environment*) eingebunden, in der andere Agenten vorhanden sind, die ebenfalls die gleiche Problemstellung optimieren. Durch die Wahrnehmung über die Sensoren kann der Agent neue Informationen über die Umwelt (z.b. Informationen über den aktuellen Optimierungsverlauf der anderen teilnehmenden Agenten) abrufen. Die Sensorschnittstelle ist in diesem Fall durch ein Kommunikationsinterface umgesetzt und ermöglicht den Datenaustausch des Agenten (siehe Abbildung 4.3). Das so erhaltene Wissen über andere Agenten und die Umgebung werden vom Agenten im *next*-Block verarbeitet und ausgewertet. Der *next*-Block spiegelt das Verhalten des Agenten wider, welches nicht zwingend statisch sein muss, sondern auch durch ein Verhalten austauschbar ist. Durch die Möglichkeit verschiedene Verhalten anzunehmen, ist der Agent fähig, andere Identitäten zu nutzen um mehrere Probleme durch Metaheuristiken zu lösen und zu kontrollieren. Eine Identität beschreibt einen Agenten mit einer konkreten instantiierten Optimierung. Er kann durch sein Verhalten eindeutig identifiziert werden. Das Austauschen von Verhalten geschieht durch die Schnittstelle *Behaviour*. Jedes Verhalten (ist gleich bedeutend einer Identität) wird in einem Schleifendurchlauf angestoßen und ausgeführt. Somit berechnet der Agent im ersten Verhalten eine PSO und im zweiten ein GA auf dem identischen Problem basierend auf der gewählten Identität. Durch die multiplen Verhalten ist es folglich möglich, innerhalb einer Agenten-Struktur verschiedene Verhalten und somit Typen von Agenten anzulegen. Des Weiteren ist im Verhalten ein Strategiecontainer vorhanden, der als Wissensbasis dient und verschiedene Strategien (Parameter, Initialisierungsstrategien usw.) für Populations-basierte Metaheuristiken hält. Ebenfalls ist ein Metaheuristikcontainer vorhanden, aus dem der Agent eine Populations-basierte Metaheuristik auswählen und diese zur Optimierung nutzen kann (siehe Abbildung 4.3).

Der Strategiecontainer dient dem Agenten zur Auswahl von verschiedenen Konfigurationsstrategien für die Metaheuristiken. Jede Strategie enthält eine Basiskonfiguration sowie optionale Regeln zum Wechseln der Konfiguration der Metaheuristik zur Laufzeit. Die Auswertung der Regeln kann verschieden komplex sein, sofern diese einen gültigen Parametersatz für die jeweilige Metaheuristik liefern. Damit eine Strategie korrekt funktioniert, werden Informationen über den aktuellen Verlauf der Optimierung benötigt. Dies kann zum einen über die Sensoren

4.2 Konstruktion des *Frameworks*

(Kommunikation) oder zum anderen vom Verhalten des Agenten, durch die Beobachtung des aktuellen Verlaufs der Optimierung geschehen. Diese Beobachtungen werden der Strategie über ein Interface zur Verfügung gestellt. Über das Verhalten kann der Agent auf mehrere Strategien aus dem Strategiecontainer zurückgreifen und diese zur Laufzeit innerhalb der Metaheuristik austauschen, was eine enorme Flexibilität zur Folge hat. Der Agent muss aber nicht zwingend die Strategie überwachen, da sie, einmal aktiviert, autonom agiert. Die Lösungen oder das extrahierte Wissen auf der Beobachtung des Optimierungsverlaufes kann direkt durch den *do*-Block anhand der Kommunikation weitergegeben und der Umgebung damit zur Verfügung gestellt werden. Der Agent kann Teilergebnisse sowie aktuelle Lösungen mit anderen Agenten austauschen, um diesen, sofern eine Kooperation besteht, aktuelles Wissen über das Problem zu liefern.

Die wichtigste Schnittstelle in dem Agenten bildet die Verbindung zum Metaheuristik-*Container*. Diese Schnittstelle stellt dem Agenten jegliche Möglichkeiten zur Verfügung, den aktuellen Status der laufenden Optimierung abzufragen und die aktuelle Optimierung zu beeinflussen. Ebenfalls wird die Metaheuristik über diese Schnittstelle initialisiert und kann zu jedem Zeitpunkt beendet, pausiert oder wieder gestartet werden. Dadurch hat der Agent die komplette Kontrolle über die laufende Optimierung und kann sie, bei z.B. *Hardware*-bedingten Rechenengpässen, kurz unterbrechen, um sie zu einem späteren Zeitpunkt erneut fortzusetzen. Detailliert ist der Aufbau des Metaheuristik-*Containers* in Abbildung 4.4 dargestellt. Als Eintrittspunkt dient das sogenannte *Steering-Interface* welches Grundfunktionen zur Steuerung der einzelnen Einheiten sowie der Metaheuristik bietet. Die einzelnen Partikel einer Populations-basierten Metaheuristik wie z.B. die PSO werden jeweils als *Entity* repräsentiert und können einzeln oder als Epoche berechnet werden. Eine einzelne Berechnung bedeutet, dass nach jeder Evaluation eines Partikels die Metaheuristik pausiert wird. Unter einer Epoche ist die einmalige komplette Berechnung aller Partikel im Schwarm zu verstehen. Diese Funktionen werden über das *Steering-Interface* definiert und können vom Agenten genutzt werden. Des Weiteren ist die Konfiguration der Metaheuristik ebenfalls über die Strategien möglich, welche der Agent in die Metaheuristik integrieren kann. Diese Strategien sind frei erstellbar und können durch Regelsysteme ersetzt werden, welche zur Laufzeit die Parametersets verändern. Damit ist die Flexibilität der dynamischen Konfiguration gewährleistet.

Der wichtigste Bestandteil ist der *Observer*. Jede Einheit der Metaheuristik kann zu jedem Zeitpunkt alle Informationen über den aktuellen Zustand zum *Observer* senden oder aber vom *Observer* angefragt werden. Dieser speichert die Informa-

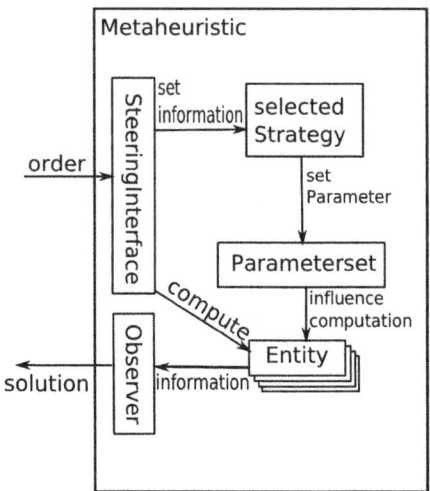

Abbildung 4.4: Aufbau eines Metaheuristik-*Interface*.

tionen und versucht kausale Zusammenhänge oder Beziehungen zu finden, welche sich als Informationen über den Optimierungsverlauf verwenden lassen. Das Ergebnis dieses aufbereiteten Wissens über die Optimierung wird dann von *Observer* dem Agenten zur Verfügung gestellt. Damit ist der Agent immer auf dem aktuellen Stand der Optimierung und kann neue Strategien in die Metaheuristik inkludieren oder bestehende anpassen.

Um eine genaue Evaluation zu gewährleisten wurde ein Evaluationsprogramm entwickelt, welches jedes Experiment verwaltet und anhand von statistischen Auswertungsfunktionen (t-Test, Anova, etc.) vergleichbare Ergebnisse liefert. Dieses Programm wurde um das vorgestellte *Framework* gesetzt, damit es unabhängig von der entwickelten Technik evaluieren kann. Jedes Experiment kann durch einen manuell zu setzenden *SEED*-Wert wiederholt werden.

Threading ist die Ausgangslage um Metaheuristiken zu inkludieren und parallel ausführbar zu machen. Da der Metaheuristik-*Container* als *Thread* gestartet wird, ist die Kontrolle der Berechnungen komplett im Agenten steuerbar. Durch dieses *Threading* und die verschiedenen Verhalten die ein Agent annehmen kann, ist es ebenfalls möglich mehrere verschiedene oder gleiche Metaheuristiken von einem Agenten kontrollieren und parallel sowie verteilt berechnen zu lassen. Basierend auf diesem Programm gilt es verschiedene Möglichkeiten der autonomen Optimierungsverwaltungen zu definieren.

4.3 Autonome Optimierungsverwaltung

Ziel der autonomen Verwaltung und Steuerung von Metaheuristiken ist es, die Qualität der Optimierung sowie die Güte der Lösung zu verbessern. Unter Qualität der Optimierung wird in dieser Arbeit die Geschwindigkeit, mit der eine hohe Güte der Lösung gefunden wird, sowie Minimierung des Berechnungsaufwandes verstanden. Dabei liegt zu Grunde, dass die zu optimierende Funktion dabei immer den gleichen Berechnungsaufwand besitzt. Das bedeutet, dass der Berechnungsaufwand des Fitnesswertes ignoriert wird und nur die reine Optimierungszeit betrachtet wird. Somit ist die Häufigkeit der Berechnung des Fitnesswertes als Qualitätsmerkmal wichtig. Ist die Optimierung bei gleicher oder geringerer Anzahl an Berechnungen der Fitnessfunktion zu gleicher oder besserer Güte des Ergebnisses gekommen, so kann von einem Vorteil gesprochen werden. In dieser Arbeit werden, basierend auf dem beschriebenen *Framework*, die verschiedenen neuen Ansätze zur Optimierungsverbesserung angegangen und evaluiert.

5 Verteilung von Schwärmen

Um eine Verteilung von Schwärmen zu gewährleisten, müssen Informationen zwischen den kooperierenden Schwärmen ausgetauscht werden. Diese Informationen werden während der Laufzeit generiert und integriert. Um diese dynamische Erzeugung zu ermöglichen, wird die Struktur der *Epoche* in der Grundarchitektur der PSO (Abbildung 4.2) angepasst, da dort der aktuelle Zustand der Optimierung und der einzelnen Partikel berechnet wird. Das Zusammenarbeiten von verschiedenen autonomen Optimierungen ist keine triviale Aufgabe. Damit z.B. zwei PSO miteinander arbeiten, muss gewährleistet sein, dass Wissen zwischen diesen beiden PSO transferiert werden kann und dass das Wissen den Vorgang der Optimierung nicht hindert oder negativ beeinflusst. Um dies zu testen, wurde ein Ansatz entwickelt, in dem versucht wird, Wissen in Form von Partikeln zwischen zwei Optimierungen auszutauschen um eine Effizienzsteigerung zu erzielen. Des Weiteren zeigt der Ansatz, dass parallele PSO durchaus durch diesen Wissensaustausch profitieren.

Parallele Optimierung durch Wissensaustausch (APPSO)

Wie in Kapitel 3.2.2 beschrieben, ist eine Verteilung von Schwarm-Algorithmen ein Teilgebiet innerhalb der Schwarmintelligenz. Dabei werden bei Agentenbasierten Ansätzen zum einen Probleme in Teilprobleme zerlegt und diese jeweils verteilt von verschiedenen Agenten berechnet. Der Vorteil dabei ist die Flexibilität der Agenten, wobei der hohe Kommunikationsaufwand negativ dagegen steht. Die Lösungen und auch die wichtigsten Informationen zu den Teilproblemen müssen zwischen den Agenten ausgetauscht werden, um eine effiziente Kooperation zu gewährleisten. Zum anderen werden Fitnessfunktionen an Agenten übergeben, die diese dann berechnen und die Lösung zurück zum Hauptschwarm senden. Eine Gemeinsamkeit dabei ist es, dass es sich um ein Problem handelt, welches gemeinsam von allen Agenten gelöst werden soll. Dies widerspricht in den Grundsätzen den Vorteilen, welche die Schwarm-Algorithmen, im besonderen die PSO, auszeichnen. Die PSO ist eine sehr effiziente Optimierung und hängt lediglich von dem Aufwand der Fitnessberechnung ab. Wird diese ausgelagert ist sie zwar effizi-

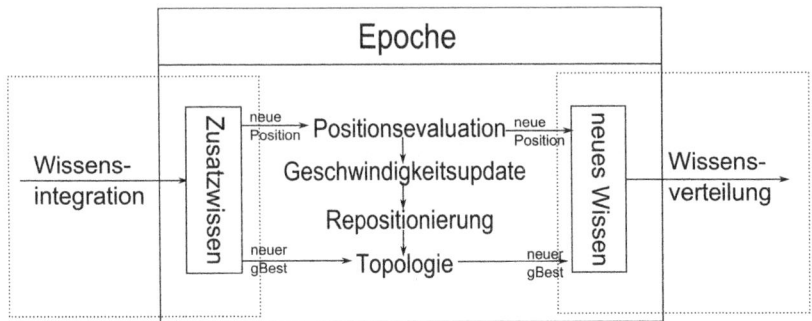

Abbildung 5.1: Erweiterung des *Epoche*-Abschnits.

enter, wird allerdings durch die Kommunikation zwischen den Agenten gehemmt. Des Weiteren ist durch das parallele Berechnen der Fitnessfunktion der Algorithmus nicht verändert worden, sondern lediglich der Berechnungsaufwand ausgelagert. In diesem Ansatz -APPSO-[1] [LBTD09] soll getestet werden, wie paralleles Optimieren funktioniert, ohne dabei nur die berechnungsintensiven Anteile auszulagern und dennoch eine effiziente Lösung zu bekommen. Dabei wird die Erweiterung des Austauschs der Informationen über die Optimierung, in den Teilabschnitt *Epoche* der Grundarchitektur der PSO (Abbildung 4.2) eingegliedert. Wir entwickeln anhand von Wissensintegration und Austausch von Informationen (Wissensverteilung) über die Optimierung einen parallelen Ansatz, der die *Epoche* wie in Abbildung 5.1 erweitert.

Der Lösungsansatz bezieht sich dabei auch auf die Idee, dass generiertes Wissen zwischen zwei Schwärmen ausgetauscht werden kann. Können zwei Schwärme von dem Wissen des anderen profitieren und hat dieses Wissen Einfluss auf die Effizienz der Optimierung? Dazu wurden zwei Typen von Agenten entwickelt, der Schwarm-Agent und der Koordinations-Agent:

- *Schwarm-Agent:*
  Dieser Typ Agent berechnet eine normale PSO auf einem gegebenen Problem. Er besitzt zusätzlich die Fähigkeiten, Wissen in Form von Partikelpositionen auszutauschen und in die laufende Optimierung zu integrieren. Die Kommunikation der Agenten ist auf den Koordinations-Agenten beschränkt, dennoch ist jeder Agent im kompletten MAS bekannt, was es erlaubt auch zwischen den Schwarm-Agenten zu kommunizieren.

---
[1] *An Agent Based Parallel Particle Swarm Optimization - APPSO*

- *Koordinations-Agent:*
  Dieser Typ von Agent verwaltet die Schwarm-Agenten und weist ihnen neben den neuen Partikelposition, auch die Problemfunktion zu. Außerdem sammelt der Agent die ankommenden Partikelpositionen der Schwarm-Agenten ein. Er entscheidet nach welchen Richtlinien Partikel innerhalb des Schwarms von den Schwarm-Agenten zum Austausch bewertet werden. Des Weiteren ist er für das *load-balancing*[2] zuständig.

Die Umgebung der Agenten soll statisch sein und keine Einflüsse von außen zulassen. Sie wird während der Optimierung nicht verändert. Die Grundstruktur des entwickelten Systems ist in Abbildung 5.2 zu sehen.

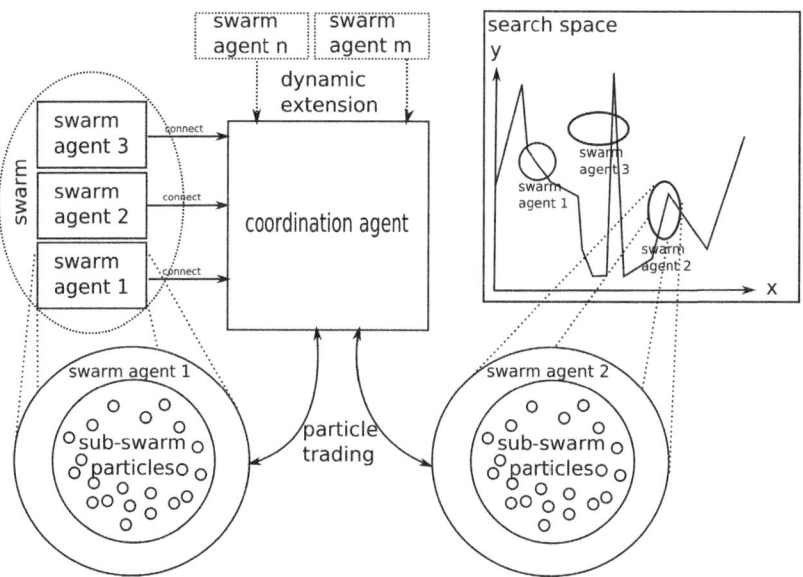

Abbildung 5.2: Aufbau und Struktur des parallelen Agenten-Schwarmoptimierungs-Systems.

Die verschiedenen teilnehmenden Schwarm-Agenten können sich dynamisch beim Koordinations-Agenten anmelden, um bei der Optimierung mitzurechnen. Dabei ist die Anzahl der Agenten durch die Leistung des Betriebssystems be-

---

[2] Als *load-balancing* wird die Lastenverteilung für einzelne Rechner bezeichnet. Ein Hardware-stärkeres System bekommt dadurch mehr zu berechnen als ein schwächeres System. Dies ist notwendig, wenn heterogene Systeme synchronisiert getaktet werden sollen.

grenzt. Jeder Agent kann seinen Schwarm in einem randomisiert festgelegten Bereich im Suchraum initialisieren. Es entsteht eine Art von *Niching* (siehe Kapitel 3), da mehrere Schwärme auf einen Suchraum optimieren. Dadurch besitzt der aktuell explorierte Raum eine größere Abdeckungsrate als bei nur einem Schwarm. Betrachtet wird jede einzelne Optimierung allerdings zusammenfassend als ein großer Schwarm, da die Agenten parallel auf dem gleichen Problem optimieren. Damit auch das Wissen gleichermaßen verteilt wird, können die Agenten untereinander Transaktionen von Partikelpositionen (dem generierten Wissen der einzelnen Optimierungen) ausführen. In getakteten Intervallen entscheidet jeder Agent, welcher Partikel in seinem Schwarm der Beste und welche die Schlechtesten sind. Dies wird anhand des Fitnesswertes entschieden (eine weitere Möglichkeit wäre ein Distanzmaß wie z.B. die Euklidische Distanz zum Schwarmzentrum, um die Güte eines Partikels innerhalb eines Schwarms festzustellen). Dieses Wissen teilt der Agent dem Koordinationsagenten mit und ebenfalls die Partikelpositionen der Partikel die er zum Koordinationsagenten abgeben will. Die Agenten können nun über den Koordinationsagenten neues Wissen über ihr aktuelles Problem von anderen Agenten beziehen.

Der Ablauf der Optimierung wird wie folgt definiert: Am Start müssen sich alle teilnehmenden Schwarm-Agenten beim Koordinations-Agent anmelden und bekommen die Details über die Optimierung. Diese enthält neben der Problemfunktion auch die Anzahl der Partikel, die jeder initiale Schwarm enthalten soll. Des Weiteren wird auch die Bewertungsfunktion für die Partikel-Güte geliefert und damit festgelegt, nach welchen Kriterien die Partikelauswahl zum Tausch berechnet werden soll. Die Schwarm-Agenten können nun einen Schwarm im Suchraum initialisieren und die PSO starten. Sobald ein Schwarm-Agent eine bestimmte Anzahl von Epochen (diese wird zuvor festgelegt) berechnet hat, sendet er ein Signal an den Koordinations-Agenten, der daraufhin die Handlungsrunde einleitet. Jeder Schwarm-Agent wählt nun die Partikel zum Austausch aus und übersendet die Informationen (Position und Geschwindigkeit) verbunden mit der Anzahl der berechneten Epochen an den Koordinationsagenten. Dieser berechnet durch die mitgelieferten Epochen die Last der einzelnen Schwarm-Agenten, überliefert dann jedem Agenten die neuen Partikel und fordert (sofern die Systeme überlastet waren) weitere Partikel zum Tausch an (*load-balancing*). Nachdem die Austauschphase durchlaufen ist, wird die Optimierung fortgesetzt.

Der Lastenausgleich zwischen den einzelnen Schwarm-Agenten ist notwendig, um schnellere Systeme nicht in eine wartende Position kommen zu lassen. Ist ein Schwarm-Agent fertig mit der Berechnung der Epochen und ein langsameres System rechnet noch, so muss der schnellere auf das Beenden der Optimierung des anderen Schwarm-Agenten warten und verliert dadurch an Effizienz durch den Leerlauf. Es ist folglich erstrebenswert, dass alle Schwarm-Agenten die gleiche Anzahl der Epochen in gleicher Zeit berechnen, damit das Austauschen und somit die Beeinflussung der Optimierung durch neues Wissen immer synchron und zur gleichen Epoche geschieht. Die Berechnungszeit des Schwarm-Agenten wird durch die Anzahl der Partikel im Schwarm verändert. Die Berechnung der Belastung erfolgt folgendermaßen:

Jeder Schwarm-Agent a hat eine feste Anzahl an Partikeln P_a^r für eine Optimierungsphase r. Nach jeder Optimierungsphase berechnet jeder Schwarm-Agent einen Wert B_a^r, welcher die aktuelle Performanz unter Berücksichtigung der verlangten Epochen E^3 und der Anzahl der tatsächlich berechneten Fitnessfunktionen F_a^r in der aktuellen Phase beschreibt:

$$B_a^r = \frac{F_a^r}{E \cdot P_a^r} \qquad (5.1)$$

Der Koordinations-Agent sammelt diese Werte und kann daraufhin die Gesamtanzahl der Partikel und die Anzahl der Berechnungen der Fitnesswerte errechnen (F_{Sum}^r):

$$F_{\text{Sum}}^r = \sum_a (F_a^r \cdot P_a^r) \qquad (5.2)$$

Anhand dieses Wertes kann nun in Kombination mit B_a^r die Last für jeden Agenten neu berechnet werden. Dazu wird für jeden Schwarm-Agenten ein Faktor berechnet, durch den eine Anpassung der Partikelanzahl im jeweiligen Schwarm-Agenten geschieht:

$$\text{fac}_a^r = \frac{B_a^r \cdot E \cdot \sum_a P_a^r}{F_{\text{Sum}}^r} \qquad (5.3)$$

Der Quotient $\frac{E \cdot \sum_a P_a^r}{F_{\text{Sum}}^r}$ beschreibt dabei die optimale Anzahl an Berechnungen der Fitnessfunktion. Durch den berechneten Faktor kann nun die Anzahl der Partikel durch:

$$P_a^{r+1} = P_a^r \cdot \text{fac}_a^r \qquad (5.4)$$

berechnet werden. Durch diese Anpassung ist gewährleistet, dass nach den ersten Transaktionsrunden die Last der einzelnen Schwarm-Agenten sich so anpasst, dass theoretisch alle zur gleichen Zeit ihre Berechnungen terminieren (Es gilt zu beachten, dass dies auch vom unterliegenden Betriebssystem abhängig ist und von

---

[3] Unter verlangten Epochen ist eine festgelegte Anzahl an Epochen gemeint, nach der der schnellste Agent die Handlungsphase einleutet.

der Berechnungszeit, die ein System dem Programm zuweist.). Die Größe des Schwarms ist folglich für jeden Agenten unterschiedlich, was aber zu keiner negativen Beeinflussung führt, da das Wissen der anderen Schwärme verteilt wird.

Der Wissensaustausch ist der wichtigste Teil des Ansatzes. Durch die Integration von neuen Partikeln, kann die Optimierung gravierend verändert werden. Wird ein Partikel hinzugefügt, der eine neue beste Position in dem Schwarm darstellt, wird jeder Partikel seine bestehende Geschwindigkeit und Richtung anpassen und sich zu den neuen Partikel ausrichten. Bekommt der Schwarm-Agent einen Partikel mit schlechtem Fitnesswert, der eine hohe Distanz zum Schwarmzentrum besitzt, nimmt nur der beste Partikel des aktuellen Schwarms Einfluss auf diesen Partikel. Dieser Einfluss zieht den Partikel zur besten Position im Schwarm und exploriert dadurch den Suchraum. Es werden folglich im Suchraum Positionen besucht, die der Schwarm sonst nicht besucht hätte und in denen lokale Optima sowie aber auch das globale Optimum liegen könnte. Trifft der neue Partikel auf einen solchen Bereich, wird dann wiederum der ganze Schwarm davon beeinflusst. Wie zu erkennen ist, kann so ein Austausch von Partikeln vorteilhaft sein. Allerdings werden auch negativ bewertete Partikel abgegeben und in die aktuelle Optimierung eingegriffen, was zwar keine negativen Auswirkungen hat, aber eben auch keine positiven Effekte, da die Partikel im Schwarm andere Partikel durch ihre schlechte Fitness nicht beeinflussen. Im Evaluationsabschnitt dieser Arbeit wird dieser theoretische Ansatz in der Praxis überprüft.

6 Dynamische Konfiguration der PSO

Die Konfiguration einer PSO ist maßgeblich für die Qualität des Optimierungsverlaufes verantwortlich. Die Belegung der Parameter ist abhängig von der unterliegenden Fitnessfunktion. Das bedeutet, dass Vorwissen zu der Funktion vorliegen muss, um eine optimale Belegung der Parameter zu finden. Auch der Grad der Konvergenz ist durch die Parameter und A-priori-Wissen zu steuern. Ist die Fitnesslandschaft z.B. eher flach, sind schwach abbremsende Parametersätze wünschenswerter, sofern keine schnelle Konvergenz gewünscht ist. Das Vorwissen über eine Funktion ist allerdings in den wenigsten Fällen gegeben. Doch gerade dieses Wissen würde sich gut zwischen verschiedenen PSO austauschen lassen. So ist es denkbar, dass eine Analyse der Fitnessfunktion während des Optimierungsvorgangs einer PSO durchgeführt wird und die Ergebnisse einer anderen PSO übertragen werden, welche sich dann dynamisch an diese Erkenntnis adaptiert und den eigenen Optimierungsprozess anpasst.

Um eine dynamische Konfiguration der PSO zu ermöglichen, müssen zum einen der *Initialisierung-* und zum anderen der *Epochen-*Abschnitt aus der PSO-Grundarchitektur (Abbildung 4.2) erweitert werden. Dabei sind verschiedene Methoden der Parameteranpassung denkbar:

1. Analyse des Schwarmverhaltens während der Laufzeit.

2. Mathematische Analyse der unterliegenden Funktion.

Beide Möglichkeiten können Erkenntnisse über die Fitnesslandschaft und das daraus resultierende Schwarmverhalten bringen. Bei der Analyse des Schwarmverhaltens sollten dabei Funktions-unabhängige Eigenschaften der Partikel im Schwarm gefunden und analysiert werden. Daraus folgt eine Anpassung der *Epoche*, da diese Eigenschaften zur Laufzeit generiert werden. Bei der mathematischen Analyse wird nur auf die Fitnessfunktion eingegangen und das Verhalten des Schwarms auf der Fitnesslandschaft analysiert. Ziel ist es dabei, Eigenschaften zu identifizieren, die einen Rückschluss auf die Konfiguration der PSO zulassen. Dieser Ansatz kann zu Beginn der PSO berechnet werden und erweitert dadurch den *Initialisierungs-*Abschnitt.

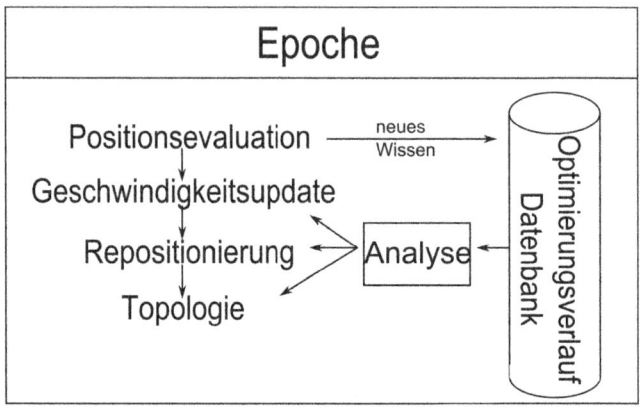

Abbildung 6.1: Erweiterung der *Epoche* um ein Analysemodul.

6.1 Analyse des Schwarmverhaltens

Bei der Analyse des Schwarmverhaltens gilt es, Eigenschaften zu identifizieren, die unabhängig von dem Fitnesswert der Partikel und dadurch universell auf alle Funktionen anzuwenden sind. Wichtig dabei ist es, dass die Eigenschaften vergleichbar sind. Denn nur mit vergleichbaren Eigenschaften kann ein Rückschluss auf die aktuelle Situation der Optimierung geschehen. Sind diese universellen Eigenschaften gefunden, ist es möglich während der Laufzeit der PSO verschiedene Parametersätze zu übergeben, um die vermeintlich beste Konfiguration der Optimierung zum gegebenen Optimierungszustand zu verwenden. Befindet sich ein Schwarm einerseits bspw. in einem lokalen Minimum und das Abbruchkriterium ist noch nicht erreicht, könnte ein Parameterwechsel den Schwarm wieder beschleunigen und aus dem Minimum heraus bringen. Andererseits kann ein Parameterwechsel das Fokussieren in der Endphase der Optimierung verbessern und den Schwarm gezielter konvergieren lassen, indem geschwindigkeitshemmende Konfigurationen gewählt werden. Um dies zu erreichen, muss der Abschnitt *Epoche* in der Grundarchitektur der PSO (Abbildung 4.2) um eine Datenbank erweitert werden, welche es ermöglicht die Eigenschaften der Partikel zu speichern und somit eine Analyse über den Zustand des Schwarms zulässt (siehe Abbildung 6.1).

Durch diesen Ansatz wird untersucht, ob ein Umkonfigurieren dynamisch zur Laufzeit möglich ist und welche Eigenschaften die Fitnesslandschaft und den aktuellen Stand des Schwarms bzw. der Optimierung adäquat abbilden und sich zur

6.1 Analyse des Schwarmverhaltens

Konfigurationsanalyse heranziehen lassen. Im ersten Schritt ist es also wichtig nutzbare Eigenschaften zu identifizieren.

Wenn das Verhalten eines Schwarms einer PSO beobachtet wird, können neben den Attributen der Partikel folgende Umgebungsvariablen berechnet werden: Die Bewegung der Partikel, Euklidische Distanzen zwischen Partikeln und die Richtung des Schwarms. Dabei dürfen keine Fitnesswerte genutzt werden, da diese funktionsabhängig und nicht universell vergleichbar sind. Damit auf den verschiedenen Skalen und Größen des Suchraums die vorangegangenen Variablen vergleichbar sind, müssen alle Werte normalisiert werden. Folgende Eigenschaften lassen sich generieren [Bog09]:

1. *Die maximale Distanz eines Partikels zu dem besten Partikel:*
   Die maximale Distanz (siehe Abbildung 6.2a) zeigt die aktuelle Streuung des Schwarms auf. Je höher sie ist, desto eher befindet sich der Schwarm noch in der Explorationsphase und hat noch ein etwas höheres Tempo als bei der Fokussierung. Es wird die Euklidische Distanz aller Partikel zu dem g_{best} gemessen und verglichen.

2. *Die durchschnittliche Distanz aller Partikel zum besten Partikel:*
   Diese Eigenschaft dient ähnlich der vorangegangenen Eigenschaft der Identifizierung, ob der Schwarm exploriert oder fokussiert. Besitzt der Schwarm eine hohe Durchschnittsdistanz so ist eher von einer Exploration auszugehen als wenn alle Partikel sehr nah beieinander sind.

3. *Die maximale Distanz zwischen zwei Partikeln:*
   Die maximale Distanz zweier Partikel (siehe Abbildung 6.2b) beschreibt ein ähnliches Verhalten von dem Schwarm wie die maximale Distanz zum besten Punkt. Sie verfeinert die Aussage, da z.B. ein geringer Unterschied bedeuten kann, dass es nur ein Ausreißer war. Der Schwarm könnte sich trotzdem in einem Minimum befinden, fokussieren, und dadurch die Partikel kaum Geschwindigkeit in eine Richtung bekommen.

4. *Die konvexe Hülle des Schwarms:*
   Um eine Beschreibung der Größe des Schwarms zu bekommen, wird eine konvexe Hülle gebildet (siehe Abbildung 6.3a). Dies ist im hochdimensionalen Raum mit mehr als 20 Partikeln vom Berechnungsaufwand hochkomplex und dient nur zur theoretischen Beschreibung des Schwarms. Umfasst die Hülle eine große Fläche, schließt das auf ein frühes Stadium der Optimierung, da die Richtungen noch nicht fokussiert sind.

 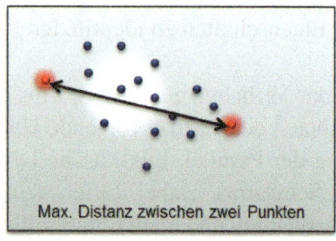

(a) Maximale Distanz zum Partikel mit der besten Fitness im Schwarm.
(b) Maximale Distanz zwischen zwei Partikeln im Schwarm.

Abbildung 6.2: Distanzmaße zur Schwarmbeschreibung.

5. *Maximale Geschwindigkeit eines Partikels:*
   Die Eigenschaft der Geschwindigkeit (siehe Abbildung 6.3b) lässt Rückschlüsse auf die nächsten Epochen des Schwarms zu. Ein Wechsel von Exploration zur Fokussierung lässt sich z.b. früher erkennen, wenn der Partikel sichtlich langsamer wird. Auch das Auffinden eines neuen besten Partikels lässt sich durch das Beschleunigen des Partikels erkennen.

6. *Durchschnittsgeschwindigkeit aller Partikel:*
   Wie in den Punkten zuvor beschrieb diese Eigenschaft einen bevorstehenden Explorations-/Fokussierungswechsel oder ein neues Minima.

7. *Die Richtung des Schwarms:*
   Gebildet über alle Partikel beschreibt die Richtung des Schwarms (siehe Abbildung 6.4a) ob eine hügelige oder eher stetige Landschaft durch die Fitness beschrieben wird. Eine eher stetige Landschaft lässt den Schwarm weniger drastisch die Richtung wechseln.

8. *Fokussierung - Exploration:*
   Die letzte Eigenschaft dient dazu, anhand der Richtung der einzelnen Partikel abzuschätzen, ob sie sich auf den besten Punkt fokussieren oder explorativ abdriften (siehe Abbildung 6.4b). Dabei ist es entscheidend, wie die beste Position des Partikels ist. In einer flachen Landschaft ist die beste Position des Partikels genauso attraktiv, wie die global beste besuchte Position innerhalb des Schwarms.

Alle beschriebenen Eigenschaften kommen ohne den Fitnesswert aus und können zu jeder Epoche abgerufen werden. Sie beschreiben dadurch zu jedem Zeitpunkt

6.1 Analyse des Schwarmverhaltens 83

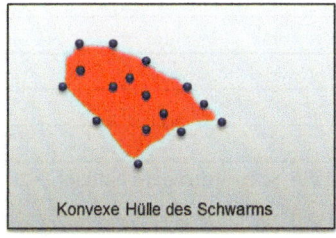 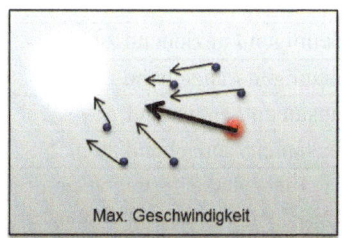

(a) Die konvexe Hülle eines Schwarms. (b) Höchste Geschwindigkeit eines Partikels im Schwarm.

Abbildung 6.3: Geschwindigkeit und Umfang eines Schwarms.

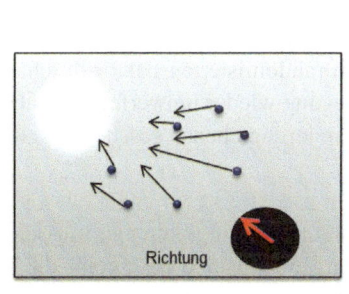 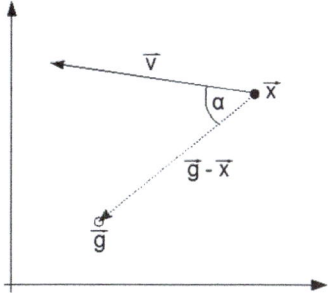

(a) Richtung des Schwarms. (b) Angabe, ob der Schwarm exploriert oder fokussiert.

Abbildung 6.4: Richtungsangaben eines Schwarms.

das aktuelle Verhalten und die aktuelle Tendenz (Fokussierung/Exploration) des Schwarms. Um diese Eigenschaften nun zu verknüpfen und daraus die aktuell beste Parameterkonfiguration auszuwählen, müssen auf der einen Seite gute Parametersets gefunden werden und auf der anderen Seite eine Möglichkeit geboten werden, diese dann an einen Zustand des Schwarms zu binden.

Um verschiedene Schwarmverhalten zu erzeugen, werden vier verschiedene Parametersets gewählt, die sich auf das Optimierungsverhalten in der Grundstruktur auswirken. In Tabelle 6.1 sind die vier Arten der Parameterkonfiguration (Strategien) zu sehen.

Strategietyp	alte Geschw. w	pers. c_1	global c_2
beschleunigen / anziehend zu p_{best}	+	+	−
beschleunigen / anziehend zu g_{best}	+	−	+
verlangsamen / anziehend zu p_{best}	−	+	−
verlangsamen / anziehend zu g_{best}	−	−	+

Tabelle 6.1: Parameterkonfiguration zum Testen der Schwarmeigenschaften. „+" = erhöhte Anziehung. „-" = erniedrigte Anziehung.

Dabei wird zwischen dem Erhöhen der alten Geschwindigkeit ($w > 1$) und dem Verlangsamen der alten Geschwindigkeit ($w < 1$) unterschieden. In jeder Geschwindigkeitsvariation wird dabei entweder zum persönlich besten Punkt (c_1) oder zum global besten Punkt (c_2) eine höhere Anziehung ausgeübt. Zu beachten ist, dass jeweils c_1 und c_2 durch einen randomisierten Faktor durchaus auch innerhalb eines *Partikel-updates* diese Belegung wieder umwerfen, was aber nicht negativ ausfällt, da es in der normalen Optimierung ebenso geschehen kann.

Diese verschiedenen grundlegenden Parameterkonfigurationen müssen nun in verschiedene Zustände klassifiziert werden. Ein Zustand beschreibt die aktuelle Belegung der oben genannten Eigenschaften. Dazu dient uns ein Entscheidungsbaum-Lernen. Hierbei muss jeder Zustand mit jedem Strategietyp getestet werden, um dann zu sehen, welcher Strategietyp am besten zu dem aktuellen Zustand passt. Ist dies geschehen, kann ein trainierter Entscheidungsbaum dann während der Laufzeit die Parameter anpassen und somit eine Lösung höherer Güte erzeugen. Der Aufwand beim Klassifizieren des Zustandes ist dabei unerheblich. Einzig das Trainieren des Entscheidungsbaums ist aufwendig, was allerdings nicht während der Optimierung geschehen muss.

Ist diese Möglichkeit der Laufzeitanalyse der Optimierung erfolgreich, so können mehr Parametersets evaluiert werden, welche dann spezifischeres Verhalten erzeugen. In den grundlegenden Verhaltensstrukturen des Schwarms sollten allerdings diese Parameterkonfigurationen ausreichen. Im Gegensatz zu der dynamischen Anpassung der Parameter ist eine Analyse zu Beginn ebenfalls erfolgversprechend.

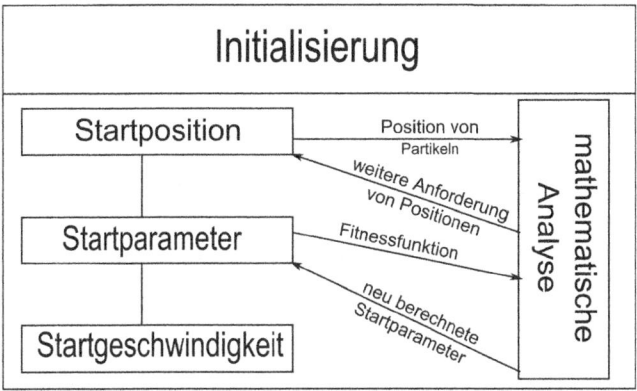

Abbildung 6.5: Erweiterung der *Initialisierung* durch ein mathematisches Analysemodul.

6.2 Mathematische Analyse der Funktion

Im Gegensatz zur vorherigen Analyse ist die zweite Möglichkeit der Parameterkonfiguration durch die Vorabberechnung von Parametern anhand der unterliegenden Fitnessfunktion gegeben. In diesem Ansatz werden stichpunktartig der Suchraum getestet und daraufhin Eigenschaften identifiziert die einen Rückschluss auf die Fitnesslandschaft zulassen [BPLT10]. Die Grundidee liegt dabei in der Annahme, dass eine PSO auf ähnlichen Fitnesslandschaften, mit den identischen Parametern identisch gut optimiert. D.h., dass ein Schwarm auf einer hügeligen Landschaft einer Funktion f_x (z.B. $f_x = x^2$) genauso gut mit einer Parameterkonfiguration p_x optimiert wie mit der gleichen Parameterkonfiguration, auf einer ähnlich hügeligen Funktion f_{x_2} (wie z.B. $f_{x_2} = 3x^2 + 4$). Basierend auf sogenannten Funktionseigenschaften (im Engl. als *function features* beschrieben) soll ein Entscheidungsbaum die gegebenen Parameterkonfigurationen berechnen. Diese Funktionseigenschaften beschreiben anhand mathematischer Berechnungen die Fitnesslandschaft und machen sie damit vergleichbar zu anderen Fitnesslandschaften. Um diesen Ansatz umzusetzen, muss innerhalb des *Initialisierungs*-Abschnitts ein neues mathematisches Modul entwickelt werden, das mit der aktuellen Fitnessfunktion sowie mit Positionen von möglichen Partikeln eine Klassifizierung der Fitnesslandschaft durchführt (siehe Abbildung 6.5).[1] Das Ergebnis ist in diesem Fall ein neuer Parametersatz, welcher dann in die PSO integriert werden soll.

---

[1] Die Klassen bilden die besten Parameterkonfigurationen für die jeweilige Fitnesslandschaft. Wir unterscheiden bei den Fitnesslandschaften zwischen flachen und hügeligen, wobei diese durch verschiedene Funktionen beschrieben werden.

Einen Parametersatz zu finden, der adäquat einen Algorithmus (hier die PSO) konfiguriert, ist kein neues Problem. [HHS07] definiert dieses Problem folgendermaßen: Finde das beste Tupel θ aus der Menge aller möglichen Konfigurationen Φ ($\theta \in \Phi$). Anhand dieser Beschreibung ist es sinnvoll, einen Suchalgorithmus anzuwenden (z.B. wieder eine PSO), der dieses Tupel findet.

Ein weiterer Ansatz ist von Leyton-Brown et al [LBNS02] beschrieben worden, in welchem Funktionseigenschaften gesucht werden, um daraufhin die Funktion abstrakt abzubilden. Leyton-Brown et al. beschränken sich auf Probleme mit rein logischer Syntax und auf diskrete Parametersuchräume. Nur in diesem Bereich kann die Idee der Funktionseigenschaften genutzt werden, da die Optimierungsprobleme in diesem Fall algebraischer Herkunft und die Parametersuchräume nicht kontinuierlich sind. Durch den kontinuierlichen Parametersuchraum ist zusätzlich die Komplexitätssteigerung gegeben, dass unendlich viele Parameterkonstellationen bestehen und somit jeglicher Aufwand zur Berechnung des besten Parametersatzes NP-vollständig ist.

Die Lösungsidee dieses Ansatzes ist angelehnt an die Arbeit von Leyton-Brown et al. Es wird versucht einen Entscheidungsbaum zu trainieren, um vor Beginn der PSO ein geeignetes Parameterpaar anhand von Funktionseigenschaften zu klassifizieren (siehe Abbildung 6.6) und zu integrieren. Dabei sind mathematische Analysefunktionen nützlich, welche Berechnungen auf der Fitnessfunktion durchführen, um damit Eigenschaften zu identifizieren, die Rückschlüsse auf die Fitnesslandschaft zulassen. Diese Eigenschaftsinstanzen werden Parameterkonfigurationen zugewiesen, welche dann durch den Entscheidungsbaum klassifiziert werden und der PSO übergeben werden.

Im ersten Schritt müssen geeignete Parameterkonfigurationen gefunden werden, die auf bestimmten Funktionsklassen eine Lösung hoher Güte erzeugen. Um geeignete Klassen an Parameterkonfigurationen zu finden, wird eine extensive Suche angewendet. Ausgehend von dem Standardparametersatz für PSO und basierend auf den Empfehlungen von Kennedy und Clerc [CK02], werden Intervalle für $w \in [0,1]$ und $C_1, C_2 \in [0, 2.5]$ gebildet. Dabei wird vom Standardparametersatz an in positive wie auch negative Richtung vorgegangen und eine Sequenz von Zahlenvektoren gebildet. Mit Hilfe des Faktors $(\frac{2}{1+\sqrt{5}})^{x2}$, wobei x die Nummer

---

[2]Diese Formel entspricht dem „Goldenen Schnitt" und sorgt für eine Verteilung die zum Ausgangswert kleiner Abstände zwischen den Werten bildet.

6.2 Mathematische Analyse der Funktion

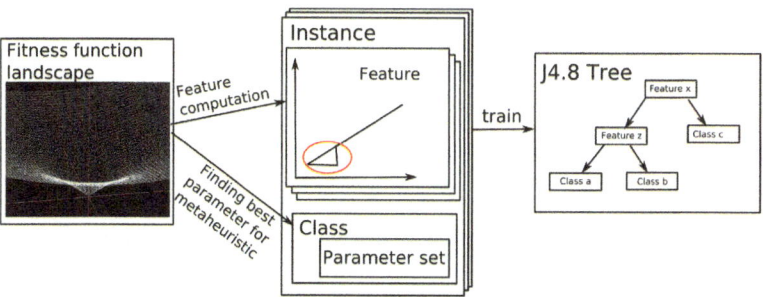

Abbildung 6.6: Architektur der Funktionseigenschaftenextraktion bis zum Klassifizierer.

der gebildeten Sequenzstelle bezeichnet, bildet sich eine Folge, bei der neben den Standardwerten die Sequenzwerte näher beisammen sind als an den Intervallgrenzen. Es werden 13 Sequenzwerte für die Geschwindigkeitsgewichtung berechnet und 23 für die jeweiligen Anziehungsparameter. Somit kommen durch alle Permutationen der Werte $13 * 23 * 23 = 6877$ verschiedene Parameterkonfigurationen zustande. In Abbildung 6.7 stellt jeder blaue Punkt eine Konfiguration dar. Es werden alle Konfigurationen auf den gewählten Funktionen getestet. Um eine Aussage zu treffen, die möglichst unabhängig von den Wahrscheinlichkeiten ist, müssen die Durchläufe jeweils um ein Vielfaches (in unserem Fall sollten 90-100 Durchläufe genügen) wiederholt werden. Die Mittelwerte der Lösungen der Durchläufe sind vergleichbar. Um Ausreißer zu eliminieren, werden die zehn besten Lösungen der Wiederholungsläufe betrachtet und mit dem Mittelwert verglichen. Ausreißer werden aus dem Mittelwert herausgerechnet. Um eine geeignete Konfiguration zu finden, muss die beste Parameterkonfiguration in der Lösung signifikant besser sein als das Ergebnis mit den Standardparametern.

Nachdem die Paramterkonfigurationen gebildet wurden, müssen die Merkmale der Funktionen berechnet werden. Die Konstruktion von Merkmalen ist problem- und datenabhängig [ASN02, CPKK93]. In diesem Fall ist das Problem die Fitnessfunktion, aus der die Fitnesslandschaft aufgespannt wird. Es gilt aus dieser Landschaft Merkmale zu extrahieren, welche dann zum Klassifizieren der Funktion dienen und somit mathematische Funktionen vergleichbar machen. Ein weiteres Problem ist es, dass nicht zu viel Rechenzeit investiert wird, um diese Funktionsmerkmale zu bilden, da jede zusätzliche Berechnung negativ in der Gesamtberechnungszeit der PSO auffallen würde. Um möglichst wenige Berechnungen zu tätigen und dennoch einen sinnvollen Überblick über die Landschaft zu bekommen, ist die Idee zwischen drei Gruppen von Merkmalen zu unterscheiden:

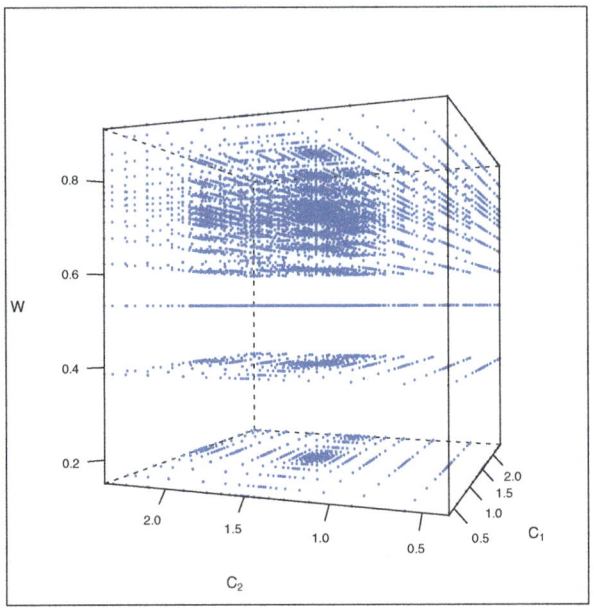

Abbildung 6.7: Alle Parameterkonfigurationen der extensiven Suche.

1. *Random Probing:*
   Hierbei soll die Funktion zufällig sondiert werden, um damit einen groben Überblick über den Verlauf zu bekommen: Ist sie eher flach oder doch hügelig; sind es sehr steile Anstiege oder ist sie stetig in einer Dimension.

2. *Incremental Probing:*
   Beim *Incremental Probing* wird eine definierte Umgebung der Fitnesslandschaft, mit fest definierten Abständen auf der Landschaft untersucht. Folglich wird ein fokussierterer Überblick über einen Teil der Fitnesslandschaft gegeben und es kann z.B. eine sehr hügelige Landschaft („Eierschalenkarton") erkannt werden. Die dahinterliegende Annahme ist, dass gerade bei wiederholenden Funktionslandschaftseigenschaften somit ein großer Teil der Funktion abstrahiert wird.

3. *Incremental Swarming:*

6.2 Mathematische Analyse der Funktion

In der dritten Gruppe wird ein kleiner Schwarm erzeugt und das Verhalten über einen kurzen definierten Zeitraum beobachtet, um dadurch eine Richtung zu erkennen und die lokale Optimierung zu studieren. Durch diese künstliche PSO können die ersten Schritte und somit die Parameter genauer klassifiziert werden.

Zusammenfassend wird durch diese drei Gruppen ein abstrakter Überblick gegeben und es wird versucht, durch diese Merkmale möglichst identische Funktionstypen zu erkennen und zu klassifizieren. Innerhalb dieser drei Gruppen werden nun verschiedene Merkmale berechnet. Dabei muss darauf geachtet werden, dass sie skalierungsunabhängig sind. Statistische Werte wie Mittelwert und Standardabweichung können nicht genutzt werden, da der Suchraum unterschiedliche Größe besitzen kann.

Beim *Random Probing* wird eine Menge M_x von $k = 100$ Partikelpositionen randomisiert im Initialisierungsintervall erzeugt. Für jede Partikelposition wird daraufhin der Fitnesswert berechnet. Durch eine Anzahl von 100 Partikel wird ein knapper Überblick über das Intervall erzeugt und dabei nicht zu viel Rechenkapazität verbraucht. Anhand der Fitnesswerte dieser Menge M_x können zwei Untermengen M_{LU} und M_{iqr} erstellt werden. M_{iqr} beinhaltet alle Fitnesswerte, die sich zwischen dem oberen und unteren Quartil (*Quratil*$_1$ und *Quartil*$_3$) der Fitnesswerte in M_x befinden. In der Menge M_{LU} sind alle Fitnesswerte enthalten, die sich innerhalb des Intervalls L und U befinden. Dabei beschreibt L die Hälfte der Distanz von dem Mittelwert zum unteren Quartil und der U-Wert die Hälfte zum oberen Quartil. Somit lassen sich die drei Mengen wie folgt definieren:

Definition 6.1
M_x
Gegeben sei eine Menge von Punkten $X = \{x_1, \ldots, x_{100}\}$ und eine Fitnessfunktion $f(x)$. Dann sei

$$M_x = \{f(x) | x \in X\} \tag{6.1}$$

Definition 6.2
M_{iqr}
Gegeben sei eine Menge von Punkten $X = \{x_1, \ldots, x_{100}\}$, eine Fitnessfunktion $f(x)$ und die Quartile Q_1, Q_M, Q_3. Dann sei

$$M_{iqr} = \{f(x) | x \in X : Q_1 \leq f(x) \leq Q_3\} \tag{6.2}$$

Definition 6.3
M_{LU}
Gegeben sei eine Menge von Punkten $X = \{x_1, \ldots, x_{100}\}$, eine Fitnessfunkti-

on $f(x)$ und die Quartile Q_1, Q_M, Q_3. Dann sei

$$M_{iqr} = \{f(x) | x \in X : L \leq f(x) \leq U\} \quad (6.3)$$

mit $L = Q_1 + \frac{1}{2}(Q_M - Q_1)$ und $U = Q_m + \frac{1}{2}(Q_3 - Q_M)$.

Aus diesen Definitionen ergibt sich der Zusammenhang zwischen den Mengen M_X, M_{iqr} und $M_L U$ wie folgt

$$M_X \supset M_{iqr} \supset M_L U \quad (6.4)$$

Ein konkretes Beispiel für die Extraktion der Punkte und Berechnung der einzelnen Mengen ist in [Pou10] beschrieben: Als Beispiel für diese Mengen werden drei einfache Funktionen definiert:

$$f_1(x) = (2x-1)^2 \quad (6.5)$$

$$f_2(x) = \frac{2}{3} - \frac{sin(2x\pi)}{2} \quad (6.6)$$

$$f_3(x) = 2(1 + 2(x-1)x) \quad (6.7)$$

Auf jeder dieser Funktionen werden nun 15 Punkte und der dazugehörige Fitnesswert berechnet (siehe Tabelle 6.8a). Grafisch liegen die Punkte wie in Abbildung 6.8b auf der Fitnesslandschaft.

Aus diesen Punkten lassen sich dann die Quartile und die L, U-Grenze für die drei Funktionen berechnen, welche in Tabelle 6.2 abgebildet sind.

f_i	erstes Quartil, Q_1	L	Median, Q_M	U	zweites Quartil, Q_2
f_1	0.3153	0.3703	0.4254	0.5199	0.6145
f_2	0.3180	0.5484	0.7788	0.8796	0.9804
f_3	1.3153	1.3703	1.4254	1.5199	1.6145

Tabelle 6.2: Die berechneten Grenzpunkte der Quartile und L, U-Grenzen der Funktionen f_1, f_2, f_3.

Werden die berechneten Grenzen und Quartile in die Funktionsgrafen eingetragen (siehe Abbildung 6.9 und 6.10), können wir unsere drei Mengen M_X, M_{iqr} und $M_L U$ erstellen. In Tabelle 6.3 und 6.4 sind diese drei Mengen für unsere Beispielfunktionen zusammengestellt.

6.2 Mathematische Analyse der Funktion

x	f_1	f_2	f_3
1	0.0211	0.9174	0.6006	1.9174
2	0.1436	0.5081	0.2743	1.5081
3	0.1739	0.4254	0.2227	1.4254
4	0.1930	0.3770	0.1984	1.3770
5	0.2374	0.2758	0.1682	1.2758
6	0.3956	0.0436	0.3617	1.0436
7	0.4175	0.0272	0.4189	1.0272
8	0.5735	0.0216	0.8895	1.0216
9	0.7978	0.3547	1.1443	1.3547
10	0.8239	0.4196	1.1137	1.4196
11	0.8699	0.5473	1.0314	1.5473
12	0.8832	0.5874	1.0015	1.5874
13	0.9005	0.6416	0.9593	1.6416
14	0.9148	0.6882	0.9217	1.6882
15	0.9640	0.8612	0.7788	1.8612

(a) Tabellarische Darstellung

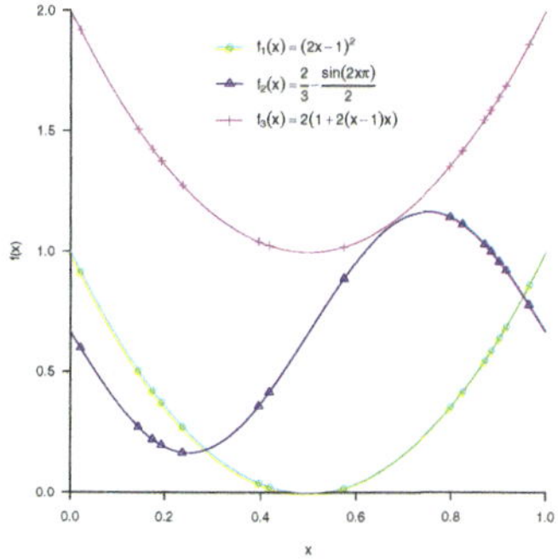

(b) Grafische Darstellung

Abbildung 6.8: Randomisierte 15 Punkte mit Fitnesswerten

Aus diesen drei berechneten Mengen können nun die ersten drei Merkmale im *Random Probing* berechnet werden. Für diese Merkmale werden drei neue Untermengen gebildet. Zum einen wird die Spannweite zwischen dem besten und dem schlechtesten Wert der einzelnen Hauptmengen als neue Untermenge zusammengefasst. Zum anderen bilden die drei besten und drei schlechtesten Punkte der jeweiligen Hauptmengen jeweils eine neue Untermenge.

1. *Random Probing Range:*
   Bei diesem Merkmal wird die Untermenge der Spannweite genutzt und auf den Punkten ein lineares Regressionsmodell abgebildet. Da die Steigung skalenabhängig ist, wird sie mit der ebenfalls skalenabhängigen interquartilen Distanz normiert und somit vergleichbar gemacht. Die Steigung ist damit das erste Merkmale und beschreibt die Streuung zwischen den Mengen.

2. *Random Probing Min:*
   Dieses Merkmal benutzt die Untermenge der kleinsten Fitnesswerte und bil-

92   6 Dynamische Konfiguration der PSO

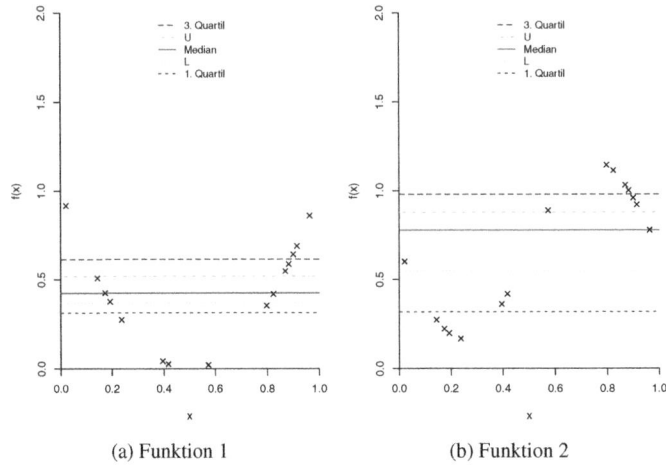

(a) Funktion 1   (b) Funktion 2

Abbildung 6.9: Darstellung der Kennzahlen zur Konstruktion der Mengen für die Beispielfunktionen f_1, f_2.

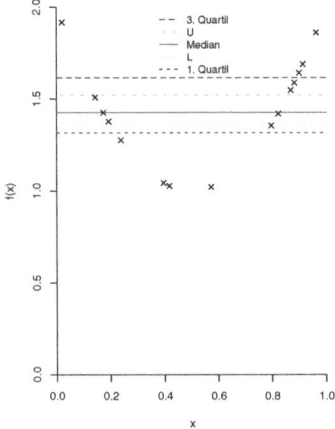

Abbildung 6.10: Darstellung der Kennzahlen zur Konstruktion der Mengen für die Beispielfunktion f_3.

det ebenfalls ein lineares Regressionsmodell durch die drei Punkte. Mit diesem Merkmal kann erkannt werden, ob starke Steigungen in der Fitness-

6.2 Mathematische Analyse der Funktion

(a) Tabelle für Funktion f_1.

f_1	M_LU	M_{iqr}	M_X
0.0216			+
0.0272			+
0.0436			+
0.2758			+
0.3547		+	+
0.3770	+	+	+
0.4196	+	+	+
0.4254	+	+	+
0.5081	+	+	+
0.5473		+	+
0.5874		+	+
0.6416			+
0.6882			+
0.8612			+
0.9174			+

(b) Tabelle für Funktion f_2.

f_2	M_LU	M_{iqr}	M_X
0.1682			+
0.1984			+
0.2227			+
0.2743			+
0.3617		+	+
0.4189		+	+
0.6006	+	+	+
0.7788	+	+	+
0.8895		+	+
0.9217		+	+
0.9593		+	+
1.0015			+
1.0314			+
1.1137			+
1.1443			+

Tabelle 6.3: Elemente der Mengen für die Stichproben der Funktionen f_1, f_2; „+" kennzeichnet die Elemente der entsprechenden Mengen.

landschaft vorhanden sind.

3. *Random Probing Max:*
   Im Unterschied zum vorangegangenen Merkmal wird hier die Untermenge der größten Fitnesswerte genutzt um eine lineare Regression zu berechnen. Das Ergebnis beschreibt ähnlich zum *Random Probing Min* die grobe Struktur der Landschaft und es lassen sich Plateaus erkennen, je flacher die Steigung ausfällt.

In der zweiten Gruppe der Merkmale wird ein definierter Bereich in der Landschaft betrachtet, der um die beste gefundene Position aus der Positionsmenge vom *Random Probing* berechnet wird. Dabei wird eine Menge $M_{Prozent}$ aus neuen Punkten, die sich in jeweils einer Dimension um den gewählten Prozentsatz vom Ausgangspunkt in beide Richtungen verändern, berechnet. Damit kann untersucht

f_3	$M_L U$	M_{iqr}	M_X
1.0216			+
1.0272			+
1.0436			+
1.2758			+
1.3547		+	+
1.3770	+	+	+
1.4196	+	+	+
1.4254	+	+	+
1.5081	+	+	+
1.5473		+	+
1.5874		+	+
1.6416			+
1.6882			+
1.8612			+
1.9174			+

Tabelle 6.4: Elemente der Mengen für die Stichproben der Funktion f_3; „+" kennzeichnet die Elemente der entsprechenden Mengen.

werden, wie sich die Topologie der Landschaft um einen bestimmten Punkt verhält. Als Beispiel dient ein 1-dimensionaler Punkt $P = 5$ in einem Suchraum von $I = [1, 100]$. Die Veränderungsangabe ist mit 1 Prozent ausgewählt. Dann würde eine Punktmenge aus drei Punkten berechnet werden $M_{1-Prozent} = \{4, 5, 6\}$. In Abbildung 6.11 ist die Berechnung der neuen Punktmenge erweitert auf zwei Dimensionen formal grafisch abgebildet. Um einen Punkt $X = (x_1, x_2)$ sind dort vier neue Punkte eingetragen, die jeweils um einen prozentualen Faktor ε in einer Dimension verändert worden sind. Aus dieser Menge $M_{Prozent}$ werden auf gleiche Weise wie im *Random Probing* die ersten Merkmale *Incremental Min, Incremental Max* und *Incremental Range* berechnet. Dies geschieht für eins, zwei und fünf Prozent Distanz. Zusätzlich wird noch die interquartile Distanz zu der Menge mit dem gleichen prozentualen Abstand vom Ausgangspunkt berechnet. Als neues Merkmal wird die Gleichmäßigkeit der Verteilung der Mengenelemente aller drei $M_{Prozent}$ berechnet. Dafür wird eine neue Menge M_ε erstellt, in der alle Fitnesswerte der Elemente der vorangegangenen Mengen $M_{1-Prozent}, M_{2-Prozent}, M_{5-Prozent}$ in das Intervall $[0, 1]$ skaliert und aufsteigend sortiert werden. Des Weiteren wird die-

6.2 Mathematische Analyse der Funktion

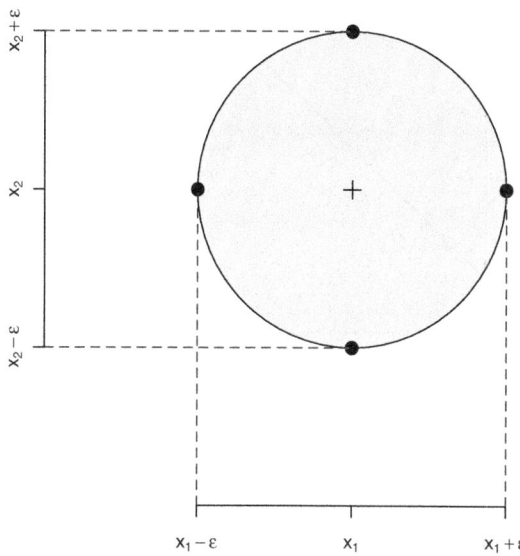

Abbildung 6.11: Berechnung der Inkrementmenge.

se Menge von Zahlen dann mit einer Normfolge $\langle v_t \rangle = \frac{i-1}{k-1}$, wobei k die Anzahl der Elemente und i die Stelle des aktuellen Elements repräsentiert, verglichen, indem die quadratischen Differenzen zwischen den einzelnen Gliedern aufsummiert werden (siehe auch Abbildung 6.12).

$$IncProb_{Fit} = \sum_{i=1}^{k}(x_i - v_i)^2 = \sum_{i=2}^{k-1}(x_i - v_i)^2 \text{ ,da } x_1 = 0 \text{ und } x_k = 1 \quad (6.8)$$

Dieses *Incremental Probing Fitness* genanntes Merkmal ist das vierte Merkmal in der *Incremental Probing* Gruppe.

In der dritten Gruppe der Merkmale wird ein künstlicher Schwarm der Partikelgröße zwei erstellt. Durch diese Menge kann das Verhalten des Algorithmus auf der

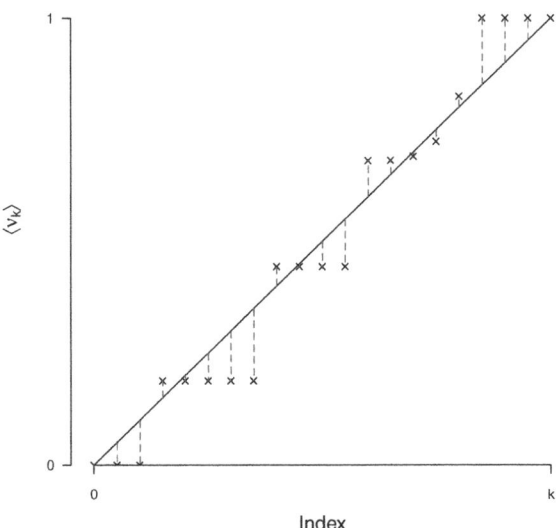

Abbildung 6.12: *Incremental Probing Fit*-Merkmal in der grafischen Darstellung der Berechnung.

Fitnesslandschaft über zehn Epochen analysiert und die Optimierung ausgewertet werden. Als Konfiguration des kleinen Schwarms können keine Standardparametersätze genommen werden, da diese auf Schwärme der Größe > fünf ausgelegt sind. Durch die geringe Anzahl der Partikel darf die Beeinflussung der anderen Partikel nicht so hoch ausfallen wie bei größeren Schwärmen. Aus Tests ergab sich ein gutes Schwarmverhalten mit der Parameterkonfiguration ($w = 0.6221, c_1 = 0.5902, c_2 = 0.5902$). Bei der Berechnung des Schwarms werden Fitnesswerte als eine monoton fallende Folge ($g(t)$) erhalten, da nur der g_{best}-Wert betrachtet wird und dieser niemals schlechter werden kann, als der vorangegangene. Als Initialisierung für den ersten Startpartikel wird die beste Position aus dem *Random Probing* genutzt. Das zweite Partikel wird dann randomisiert für jede Dimension, entweder um ein Prozentsatz inkrementiert oder dekrementiert (sowie es in Gruppe zwei der Merkmale geschehen ist). Dabei wird bei den Merkmalen jeweils für 1,2,5,10 Prozent Distanz unterschieden. Für jeden Distanzwert werden fünf Merkmale berechnet:

1. *Swarming Slope:*

6.2 Mathematische Analyse der Funktion

In diesem Merkmal wird eine lineare Regression über die Folge g_t festgelegt, wobei die Spannweite zur Normierung dient. Die Steigung dient dann als Merkmal (siehe Abbildung 6.13a).

2. *Swarming Max Slope:*
   Die maximale Differenz zum Vorgänger auf der mit der Spannweite normierten Folge beschreibt dieses Merkmal (siehe Abbildung 6.13b).

3. *Swarming Delta Lin:*
   In den nächsten drei Merkmalen werden die Zahlenfolgen gegen verschiedene Normfolgen vergleichen. In Abbildung 6.14a ist diese Funktion $\langle v_t \rangle = \frac{t-i+1}{t-1}$. Als Merkmal gilt dann die quadratische Distanz der einzelnen Punkte zur Funktionsfolge.

4. *Swarming Delta Phi:*
   In Abbildung 6.14b ist die Distanz zur zweiten Folge
   $\langle \varphi_t \rangle = (\frac{2}{1+\sqrt{5}})^{i-1}$ abgebildet.

5. *Swarming Delta Sgm:*
   Die dritte quadratische Distanz wird zu der Sigmoid-Funktion als Folge $\langle \sigma_t \rangle = (1 + exp^{(i-11)\phi})^{-1}, \phi = \frac{2}{1+\sqrt{5}}$ dargestellt und ist in Abbildung 6.14c exemplarisch aufgeführt.

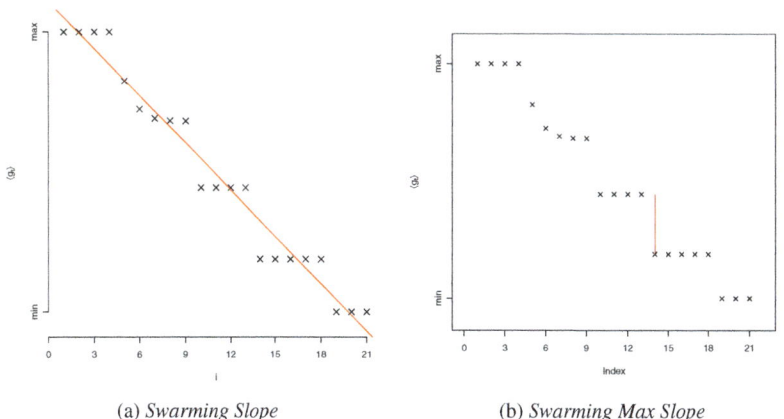

(a) *Swarming Slope* (b) *Swarming Max Slope*

Abbildung 6.13: Abbildung der zwei Merkmale *Swarming Slope* und *Swarming Max Slope*.

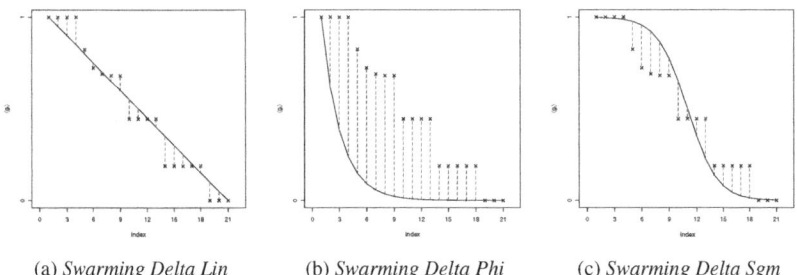

(a) *Swarming Delta Lin* (b) *Swarming Delta Phi* (c) *Swarming Delta Sgm*

Abbildung 6.14: Drei Vergleichsfunktionen für die *Incremental Swarming*-Merkmale.

Abschließend sind nun in den drei Gruppen 32 Merkmale entstanden, die eine mathematische Beschreibung der Funktion, sowohl im gröberen Rahmen als auch fokussiert auf Funktionspunkte und Optimierungsverhalten, ermöglicht. Anhand dieser Merkmale und den oben gefundenen Klassen der Parametersätze können nun Entscheidungsbäume trainiert werden.

7 Dynamische Steuerung der Partikel Schwarm Optimierung

Nachdem die Ansätze zur dynamischen Konfigurationsanpassung für die PSO dargestellt wurden, ist der nächste Schritt, das Wissen über die aktuelle Optimierung nicht nur zur Konfiguration zu nutzen, sondern auch als Wissen in den Schwarm zu integrieren. Ist Wissen über den Suchraum und die Fitnesslandschaft extrahiert, muss dieses Wissen auch weitergegeben werden und anderen Optimierungen auf der identischen Funktion als Hilfe dienen. Ein Partikel-Schwarm wird durch die Topologie und den aktuell besten Fitnesswert (mit dazugehöriger Position) in seiner Bewegung beeinflusst. Der Suchraum wird dabei (abhängig von der Konfiguration) nur sporadisch durchsucht. Gerade bei Suchräumen, die kontinuierlich sind und dadurch unendlich viele Positionen besitzen, kann ein Schwarm nicht komplett jede Position explorieren.

In diesem Kapitel werden zwei Ansätze einer erweiterten Exploration untersucht, wobei beide auf die Integration von Wissen abzielen. Im ersten Ansatz wird die *update*-Formel der PSO verändert und ein neuer Faktor integriert, der den Schwarm in eine bestimmte Richtung zieht. Im zweiten Teil werden neue Punkte, die unabhängig von der *update*-Regel dem Schwarm als Anziehungspunkt dienen, in dem Suchraum verteilt. Die Eingliederung in den Ablauf der PSO in Abbildung 4.2 ist dabei eine Veränderung der *update*-Formel. Dabei wird zwischen einer Erweiterung und somit einer veränderten *update*-Formel (siehe Abbildung 7.1) und einer Änderung der g_{best}-Werte unterschieden, welche dann in der *update*-Formel genutzt werden (siehe Abbildung 7.3). Wie auf den beiden Abbildungen zu erkennen ist, geht die Veränderung der Bewegungen des Schwarms nur in dem *Epoche*-Abschnitt, welcher als einziger die Möglichkeit bietet, dynamisch während der Optimierung das Verhalten der PSO zu verändern.

7.1 Anpassung der *update*-Regel durch Erweiterung

Um neue Einflussfaktoren in die PSO zu integrieren, ist es möglich, die Berechnung der neuen Geschwindigkeit durch die *update*-Formel zu erweitern und so-

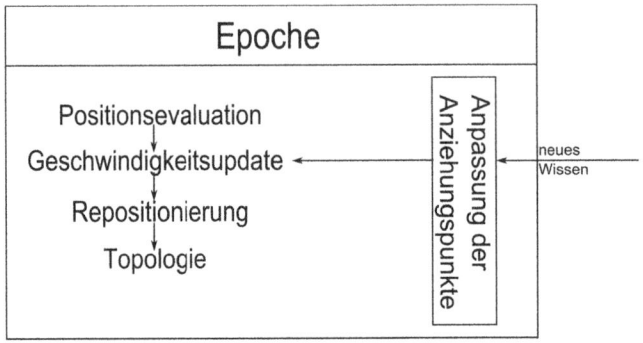

Abbildung 7.1: Anpassung der *update*-Formel.

mit nicht nur den sozialen und egoistischen Faktor als Anziehungspunkte, sondern auch einen zusätzlichen Faktor zu setzen. Wie in Abbildung 7.1 dargestellt, beeinflusst diese Erweiterung die Geschwindigkeitsberechung und folglich dadurch auch die Positionierung der Partikel.

Ausgehend von der *inertia-weight*-Formel (siehe Formel in Kapitel 3.1.1) wird die Formel um einen vierten Faktor erweitert, welcher eine Zielposition angibt. Diese Erweiterung kann den Schwarm ebenfalls beeinflussen [DBLT10]. Dabei ist dieser Faktor durch Wissen manipulierbar, welches von außerhalb der Optimierung generiert werden kann (siehe Abbildung 7.1). Dieser Faktor (z) wird identisch wie der soziale und persönliche Faktor als Differenz zur aktuellen Position eingerechnet.

$$v_t = w * v_{t-1} + r_1 * c_1(p_{best} - p_{actual}) + r_2 * c_2(g_{best} - p_{actual}) + r_3 * c_3(z - p_{actual})$$
(7.1)

Identisch zu den zwei anderen Faktoren wird ein randomisierter Wert r_3 und eine Konstante c_3 dazu multipliziert wodurch die Konfigurationsparameter um einen Wert (c_3) erweitert werden. Die neue Geschwindigkeit und Richtung ist in Abbildung 7.2 dargestellt. Der neue Punkt kann dabei ein Punkt im Suchraum sein, der vom Agenten als wichtig klassifiziert worden ist. Er kann aber auch ein g_{best}-Wert von einer anderen auf der gleichen Funktion berechnenden Optimierung sein. Das Ziel ist es, den Schwarm somit in definierte Regionen zu ziehen und durch diesen Punkt attraktiv zu machen. Gelingt dieses Steuern, ist eine übergreifende Optimierung zwischen verschiedenen Metaheuristiken möglich, da nur spezielle Punkte der Fitnesslandschaft integriert werden müssen und diese technikunabhängig sind.

7.1 Anpassung der *update*-Regel durch Erweiterung

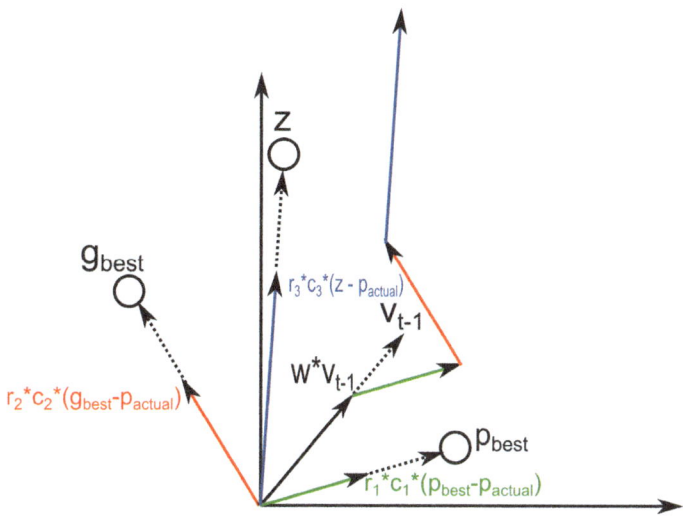

Abbildung 7.2: Berechnung des neuen Geschwindigkeitsvektros mit der Erweiterung der *update*-Formel.

Es kann vorkommen, dass sich der neue Faktor in Kombination mit den anderen beiden Faktoren aufhebt. Dies ist der Fall, wenn z.B. g_{best} und p_{best} in die komplett andere Richtung zeigen als der z-Faktor und die Gewichtung der Konstanten dieses unterstützen. Damit dies nicht geschieht wird ein Potentialfeld über die Fitnesslandschaft gelegt, welches die Regionen, die die Partikel häufiger berechnen (z.B. wenn ein Schwarm fokussiert), mit einem höheren Potential belegen, welches zur Folge hat, dass der Fitnesswert schlechter wird. Zu jedem berechneten Fitnesswert wird das Potential der Region dazu addiert. Somit werden außerhalb liegende Punkte interessanter und der Schwarm driftet ab und beschleunigt. Wenn der Schwarm fokussiert, liegen g_{best} und p_{best} häufig sehr nah beieinander, somit ist es schwer möglich, den Schwarm in die Richtung des z-Wertes zu ziehen. Durch das Potentialfeld ändern sich der soziale und persönliche Faktor und lassen damit den Schwarm zum neuen Anziehungspunkt abdriften.

Die zweite Möglichkeit ist es, die *update*-Formel nicht zu verändern und dennoch den Schwarm in eine Richtung zu steuern, indem die vorhandenen Faktoren geändert werden.

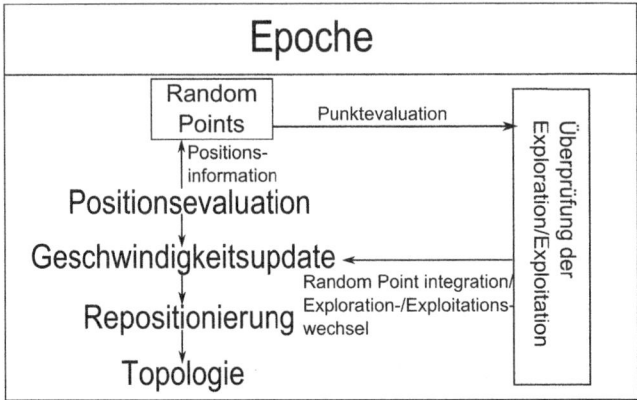

Abbildung 7.3: Anpassung der *update*-Formel durch *Random Points*.

7.2 Setzen von Anziehungspunkten zur Schwarmsteuerung

Aufbauend auf der gezielten Steuerung von Schwärmen basiert die folgende Idee, dass eine Kontrolle eines Partikelschwarms, nicht durch die Erweiterung der *update*-Formel (indem ein neuer Faktor hinzugefügt wird), sondern durch Nutzung des Original-Algorithmus mit Einflüssen aus der Umwelt gezielt ausgeführt wird. Der Vorteil ist dabei, dass die Optimierung in ihrer ursprünglichen Art nicht verändert wird, wie es in Kapitel 7.1 geschieht. Es werden Punkte generiert, die den Suchraum abdecken (siehe Abbildung 7.3). Durch eine Überwachung der Optimierung und der Exploration des Schwarms kann dann durch gezieltes Integrieren von bestimmten Positionen im Suchraum der Schwarm in Regionen gezogen werden, welche er im normalen Optimierungsverlauf nicht erreicht hätte. Somit wird die Explorationsrate gesteigert.
Die Grundidee dahinter basiert auf dem Problem der Exploration/Exploitation und bietet eine Möglichkeit, den Schwarm durch äußere Einflüsse zu einer höheren Explorationsrate zu zwingen [BET12].

Exploration/Exploitation in PSO

Ein intelligentes Abstimmen von Exploration und Exploitation ist nicht nur innerhalb der PSO ein Problem, sondern bezieht sich auch auf alle anderen Populationsbasierten Optimierungen, wie Evolutionäre Algorithmen [BFM97, ES98, GKK04].

7.2 Setzen von Anziehungspunkten zur Schwarmsteuerung

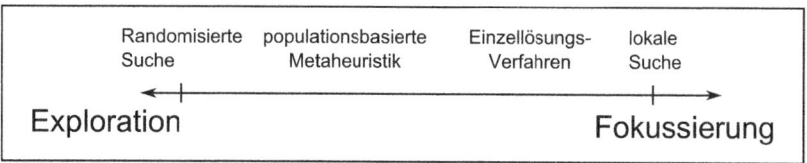

Abbildung 7.4: Einordnung der Populations-basierten Metaheuristiken und Einzellösungsverfahren anhand ihres Explorationsverhaltens (basierend auf [Tal09]).

El-Ghazali Talbi [Tal09] beschreibt dies indem er die Arten der Optimierung auf einer Explorationsskala einordnet (siehe Abbildung 7.4). Dabei ist zu erkennen, dass Populations-basierte Ansätze eher fokussieren als explorieren. Es ist abzusehen, dass eine höhere Explorationsrate positiv zum Auffinden von dem g_{best}-Punkt ist, da der Suchraum bei starker Fokussierung nicht zwingend ausreichend durchsucht wurde. Verschiedene Ansätze, wie der Entropie-basierter Ansatz von Liu et al. [LMB09] oder *nichePSO* [BEF02] versuchen dieses Problem anzugehen. Beim *nichePSO* wird der Schwarm in Untergruppen aufgeteilt, die alle separat den Suchraum durchsuchen und somit eine höhere Explorationsrate bekommen. Dies führt allerdings zu einer geringeren Fokussierungsrate und birgt daher die Gefahr nicht den besten Punkt in einem Minimum zu finden, da die Untergruppen weniger Partikel besitzen als der gesamte Schwarm. Ein weiteres Problem bei der Exploration ist das frühzeitige Konvergieren eines Schwarms. Wird bei der Optimierung ein lokales Minimum gefunden, aus dem schwer zu entkommen ist, fokussiert der Schwarm auf dieses Minimum und es wird nicht weiter exploriert. Li et al. [LHC12] entwickelten SAPSO (*Self-adapting PSO*), in der jeder Partikel seinen eigenen Trägheitsparameter anpassen kann und somit während der Optimierung beschleunigen und abbremsen kann, je nachdem, ob der Schwarm festsitzt und fokussiert oder exploriert. Der Nachteil ist erneut, dass der Original-Optimierungsalgotihmus verändert wird und anhand von Berechnungen gerade bei hügeligen Landschaften auch negative Folgen haben kann. Multi- und kooperative Schwärme, die gemeinsam explorieren, wurden in [LBTD09] und [CT07] entwickelt, um die Eigenschaften der Fokussierung nicht zu verlieren und dabei die Möglichkeit zu haben, dennoch zu explorieren. Dies geschieht allerdings auf Basis einer gesteigerten Auslastung der Rechenpower. Des Weiteren ist zu beachten, dass Multi-Schwärme im Grundgedanken eigentlich nur mehrere einzelne PSO sind, die Informationen austauschen. Keiner der Ansätze versucht die eigentlichen PSO unangetastet zu lassen und nur anhand von Informationen die Optimierung zu koordinieren. Dies wird nun in diesem Ansatz zur Steuerung einer PSO berücksichtigt.

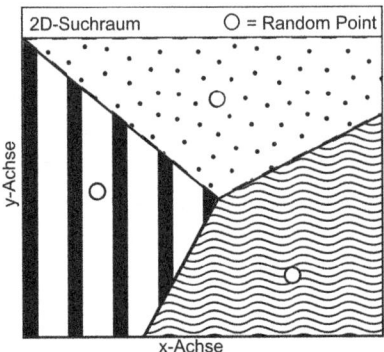

Abbildung 7.5: Aufteilung des Suchraums durch die *Random Points*.

Ansatz zur explorativen Steuerung von PSO

Die Idee, das Lenken und Beschleunigen von Schwärmen zum Entkommen aus einem lokalen Minimum zu nutzen, basiert auf auf dem Ansatz, Informationen in die Optimierung zu integrieren. Wichtig dabei ist es, nicht zu stark zu explorieren und dabei die Fokussierung zu vernachlässigen. Es ist folglich das Ziel, bei gleichbleibendem oder besserem Ergebnis, eine höhere Explorationsrate zu erreichen.

Dieses Ziel soll durch das Setzen von neuen g_{best}-Positionen während der Optimierung erreicht werden [BET12]. Diese neuen Positionen (weiterhin als *Random Points* bezeichnet) werden randomisiert über den Suchraum verteilt und besitzen einen Mindestabstand von mindestens einer halben Suchraumgröße einer Dimension zueinander. Jeder *Random Point* repräsentiert die Fläche des Suchraums um sich herum. Die Größe der Fläche ist abhängig von den anderen *Random Points*, da jeder Punkt im Suchraum dem *Random Point* zugeordnet wird, zu dem die Distanz am geringsten ist (siehe Abbildung 7.5).

Den Suchraum durch ein schachtelartiges Muster zu abstrahieren und dadurch identisch große Flächen zu erzeugen, lässt ein gleichmäßigeres Diskretisieren zu. Dies wird aber verworfen, da keinerlei Informationen über die Fitnesslandschaft vorhanden sind und eine randomisierte Verteilung den Vorteil hat, zufällig eine gute Einteilung des Suchraums zu treffen. Durch die definierte minimale Distanz zwischen den einzelnen *Random Points* ist ein zu enges Aufeinanderliegen der Punkte nicht möglich. Somit sind die Chancen, den Suchraum gut zu repräsentieren identisch bei randomisierter Verteilung und einer Diskretisierung.

7.2 Setzen von Anziehungspunkten zur Schwarmsteuerung

Jeder *Random Point* besitzt zusätzlich zu der Fläche eine Trefferquote, die immer wenn ein Partikel einen Punkt im Suchraum trifft, welcher ihm zugeordnet ist, um eins erhöht wird. Somit kristallisieren sich über die Zeit Punkte heraus, die oft frequentiert wurden, was darauf schließen lässt, dass dort ein interessanter Punkt in der Fitnesslandschaft ist und der Schwarm fokussiert. Andere *Random Points* sind geringer frequentiert, was den Schluss zulässt, dass dort eher uninteressante Stellen sind, bzw. bessere Bereiche in den Fitnesslandschaften vorhanden sind, die für die Optimierung attraktiver sind. *Random Points*, dessen Trefferrate bei Null liegen wurden noch nicht besucht und spiegeln damit Flächen des Suchraums wider, die noch nicht exploriert sind. Diese Flächen gilt es folglich noch zu untersuchen, ohne dabei das bestehende Wissen über den Suchraum und die besten besuchten Punkte zu verlieren.

Einbindung der *Random Points* in die Optimierung

Um die PSO in Gebiete zu führen, in denen die Trefferrate des *Random Points* gleich Null ist, wird innerhalb der Optimierung eine Beobachtungsfunktion eingebaut, die anhand dreier Kriterien untersucht, ob der Schwarm gerade fokussiert und somit eine künstliche Exploration erzeugt oder ob eine bestehende Exploration abgebrochen und wieder zur „normalen" Optimierung[1] gewechselt werden kann. Somit kann zwischen zwei Zuständen der Optimierung unterschieden werden:

1. *normale PSO*:
   In diesem Zustand wird die normale PSO ausgeführt; es wird der zur Zeit beste gefundene Punkt als g_{best} eingetragen und dadurch orientiert sich der Schwarm an diesen Punkt.

2. *explorative PSO*:
   Im explorativen Zustand wird der *Random Point* als g_{best} eingetragen, welcher am wenigsten frequentiert und am weitesten entfernt vom Zentrum des Schwarms ist. Somit wirkt dieser Punkt nun anziehend und beschleunigend, da der Vektor zu diesem *Random Point* höher ist als zum bestehenden g_{best}.

Die drei Kriterien, anhand derer die Beobachtungsfunktion entscheidet, ob zwischen den Zuständen gewechselt werden soll, sind wie folgt ausgelegt:

---

[1] Unter „normal" wird in dieser Arbeit die Verfolgung des g_{best}-Wertes verstanden, der vom Schwarm gefunden wurde und nicht der von uns künstlich erzeugte. Verfolgt der Schwarm die von uns künstlich erzeugten *Random Points* wird ebenfalls die klassische PSO ausgeführt, daher ist letztendlich kein Unterschied festzustellen, bis auf den Austausch der g_{best}-Werte.

- Wenn sich der g_{best}-Wert über ein bestimmte Anzahl an Epochen nicht signifikant verändert, kann exploriert werden.

- Wenn der Schwarm zu lange exploriert, muss wieder fokussiert werden (in den normalen Zustand gewechselt werden).

- Der Schwarm sollte nicht ständig explorieren, auch wenn er ständig bessere Punkte findet. Dies kann in sehr hügeligen Landschaften geschehen. Durch einen Faktor, der ein Verhältnis zwischen normalem und explorativem Zustand beschreibt wird ein Wechsel in den explorativen Zustand erzwungen.

Durch eine Kombination dieser drei Faktoren entscheidet die Beobachtungsfunktion, in welchem Zustand der Schwarm die nächste Epoche berechnen soll. Diese drei Faktoren lassen sich durch Parameter anpassen, um somit herauszufinden wie das beste Verhältnis zueinander ist und sich dadurch jeder Art von Fitnesslandschaft anpassen zu können.

Exploriert der Schwarm, wirkt der *Random Point* nur anziehend. Der Weg vom aktuellen Zentrum des Schwarms zum *Random Point* wird folglich ebenso exploriert, da der Schwarm nicht sofort beim *Random Point* weiter optimiert. Wird beim Explorieren ein neuer g_{best}-Wert gefunden, so wird dieser dennoch gespeichert und beim normalen Zustand dann weiter verfolgt. Geschieht dies nicht, wird im normalen Zustand der g_{best} des letzten normalen Zustandes verwendet.

Parameter zur Initialisierung der Beobachtungsfunktion

Um eine genaue Anpassung der Verhältnisse der vorangegangenen Faktoren zu gewährleisten, werden die drei Parameter genauer beschrieben, welche zum Wechsel der Zustände der Optimierung beitragen:

„Percent of epoches to explore"-Faktor (POETE):

Dieser Faktor bestimmt, wie lange im explorativen Zustand optimiert werden soll. Er gibt den Prozentanteil von der Gesamtoptimierungsdauer an, der beschreibt, wie viele Epochen lang die Optimierung nicht aus dem explorativen Zustand zurückwechseln darf. Angenommen es besteht ein Schwarm mit 50 Partikeln und dieser soll 300000 Fitnesseevaluationen durchführen, so besitzt die Berechnung eine Gesamtlänge von 6000 Epochen während der Optimierung. Wenn der Faktor POETE nun einem Prozent entspricht, dann muss jede Exploration mindestens 60 Epochen lang sein.

7.2 Setzen von Anziehungspunkten zur Schwarmsteuerung

„Explore to focus"-Faktor (FETF):

Dieser Faktor bestimmt das Verhältnis, um wie viel länger der Schwarm im normalen Zustand optimieren als explorieren soll. Dies ist wichtig, damit die Fokussierung nicht zu kurz ausfällt. Wenn dieser Faktor zwei ist, dann wird doppelt so lange normal optimiert wie exploriert.

„Percent of g_{best} changes"-Faktor (POGBC):

Dieser Faktor bestimmt, wann in den explorativen Zustand gewechselt werden soll. Dabei wird die Veränderung des g_{best}-Wertes von Epoche zu Epoche verglichen und prozentual ausgedrückt. Ist z.B. in Epoche n der g_{best}-Wert 10 und in Epoche $n+1$ $g_{best} = 9$, dann hat sich der g_{best}-Wert prozentual um 10 Prozent verändert. Mit diesem Faktor wird angegeben, ab welchem Wert der Zustand gewechselt wird. Unterschreitet die Veränderung des g_{best}-Wertes diesen Faktor wird wieder exploriert, da davon ausgegangen wird, dass der Schwarm gerade zu stark fokussiert.

Mit diesen drei Parametern kann nun untersucht werden, inwiefern das Eingreifen und automatisierte Wechseln zwischen Exploration und Exploitation sich positiv oder negativ auf die PSO auswirkt.

8 Zusammenfassung der Ansätze

In Abschnitt III wurden verschiedene Methoden zur kontrollierten Steuerung und Berechnung von Metaheuristiken, im Speziellen PSO, vorgestellt. Dabei stellte sich heraus, dass grundlegend unterschiedliche Möglichkeiten bestehen, eine Populations-basierte Metaheuristik zu verändern und den Optimierungsverlauf zu optimieren. In den ersten Ansätzen wurde die Möglichkeit betrachtet, einen Schwarm verteilt zu berechnen. Dabei wurde Wissen aus den verschiedenen Optimierungen genutzt, um andere Schwärme zu beeinflussen und Wissen über den identischen Suchraum zu vermitteln. Der eigentliche Algorithmus der PSO wurde nicht verändert, sondern nur verteilt berechnet und durch den Austausch von Wissen durch den g_{best} gefördert.

Als nächste Erweiterung wurde ein Konzept beschrieben, mit dessen Hilfe der Schwarm beobachtet und analysiert werden kann. Die zentrale Frage dahinter lautet, ob es möglich ist, anhand der Bewegungen der Partikel Rückschluss auf einen aktuellen Zustand des Schwarms zu ziehen und daraufhin Zustandsveränderungen durch Parameteranpassungen zu berechnen. Als Parameteränderungen wurde auf reine Geschwindigkeitsänderungen fokussiert, um dadurch eine Exploration anzukurbeln. Gelingt dies, so wäre es möglich, eine autonome Lernkomponente zu trainieren, welche dann durch einen Agenten proaktiv die Parameter anpasst und somit ein optimales Ergebnis der Optimierung erzielt.

Ergänzend zu der Anpassung der Parameter zur Laufzeit wurde ein mathematischer Ansatz vorgestellt, welcher vor Beginn der Optimierung versucht, die besten Parameter für die jeweilige Fitnessfunktion zu finden. Dabei wurde die Möglichkeit diskutiert, eine unbekannte Fitnesslandschaft zu analysieren und damit auf optimale Parametersätze zu schließen, welche bei der PSO eine qualitativ gute Lösung berechnet. In Kombination zu der dynamischen Anpassung zur Laufzeit wären die Parameter somit immer optimal gewählt und zu jeder Epoche an den aktuellen Zustand der Optimierung angepasst.

Nachdem der Schwarm verteilt berechnet und die Parameter angepasst wurden, sollte es möglich sein, einen Schwarm zu steuern und zu bestimmten Punkten im Suchraum zu lenken. Dabei wurden zwei Ansätze diskutiert, die einmal die *up-*

date-Formel erweiterten und einmal durch *Random Points* sogenannte *Points of Interests* setzten, welche die Suchexploration beschreiben. Im ersteren Ansatz ist die Erweiterung der *update*-Formel dazu da, einen neuen Vektor und somit einen neuen Fokus in den Partikel zu integrieren. Dieser Fokus kann dann auf einen beliebigen Punkt im Suchraum gesetzt werden, der somit anziehend wirkt und den Schwarm in diese Richtung treibt. Dieses neue Wissen ermöglicht es, durch Außeneinwirkung neues Wissen über die unterliegende Fitnessfunktion zu integrieren und gezielter zu optimieren. Im zweiten Steuerungsansatz hingegen wurde die PSO in ihrer natürlichen Form belassen. Dennoch wurde die aktuelle Explorationsrate sowie die Frage, ob noch Teile des Suchraums unbesucht und nicht durchsucht worden sind, analysiert. Dies geschieht durch *Random Points*, welche jeweils einen Teil des Suchraums repräsentieren und belegen, wie oft dieser besucht worden ist. Durch eine Beobachtungsfunktion wird der Fokus des Schwarms auf einen *Random Point* gesetzt oder wieder zum g_{best}. Dadurch wird der Schwarm zum Explorieren gezwungen, ohne sein altes Wissen zu verlieren.

Diese verschiedenen Ansätze bieten eine Möglichkeit, die PSO noch weiter zu optimieren und somit nicht durch falsche Wahl von Parametern zu einem unbefriedigenden Ende zu bringen. Jeder dieser Ansätze ist unabhängig von dem vorherigen und ergänzt eine weitere Möglichkeit der Optimierung. Es gilt zu zeigen, dass sie jeweils unabhängig voneinander sind und zusammen genutzt werden können, ohne dass sie sich gegenseitig einschränken. Um die Effizienz und die technische Machbarkeit der einzelnen Schritte zu überprüfen, wird in den folgenden Kapiteln jeder einzelne Schritt empirisch evaluiert.

Teil IV

Evaluation

9 Prototypische Evaluationsumgebung der Agentenbasierten Schwarmintelligenz

In Abschnitt III wurden verschiedene Ansätze zur Verbesserung und Optimierung von Metaheuristiken, im Speziellen die Partikel Schwarm Optimierung vorgestellt. In der Evaluation sollen diese Ansätze evaluiert und die Ergebnisse der verschiedenen Ansätze diskutiert werden. Für die Tests wird ein *Framework* implementiert, das dem beschriebenen Konzept aus Kapitel 4.2 nachempfunden ist. Dieses Kapitel soll zeigen, ob zum einen die besprochenen Ansätze den erwarteten Erfolg erbringen und ob sie zum anderen kombinierbar sind.

Zu Beginn der Evaluation wird das *Framework* beschrieben mit dem die Tests stattfinden. Im Anschluss werden dann die verschiedenen vorgestellten Ansätze evaluiert und am Ende in einem Fazit diskutiert.

Umsetzung des *Frameworks* für die Evaluation

Zu Beginn der Evaluation zur Steuerung von Metaheuristiken und zur Analyse von PSO mit zusätzlichen Erweiterungen zur Informationsgewinnung und dynamischer Integration in den Optimierungsprozess, wird hier die grundlegende Basis der Konzeption erläutert. Dabei soll die individuelle Nutzungsmöglichkeit des entwickelten Frameworks beschrieben und aufgezeigt werden. Die Klassen-Abhängigkeits-Diagramme sind angelehnt an die Klassendiagramme der *Unified Modeling Language* und geben einen Überblick über die entstandene Software und den möglichen Spielraum innerhalb des Codes. Dabei ist der Code exemplarisch dargestellt und auf die wichtigsten Ausschnitte beschränkt, um somit die grundlegenden Ideen zu verstehen.

Die Umsetzung besteht aus abstrakten Klassen, die es erlauben, jegliche Populations-basierte Metaheuristik zu implementieren und einen Agenten über das Verhalten zuzuweisen (siehe Abbildung 9.1). Der Agent besitzt dabei ein Verhalten (*Behaviour*), welches innerhalb des Agenten austauschbar ist. Das Verhalten besitzt dabei die Metaheuristik. Das *Behaviour* ist prototypisch in der Abbildung 9.1

114   9 Prototypische Evaluationsumgebung der Agentenbasierten Schwarmintelligenz

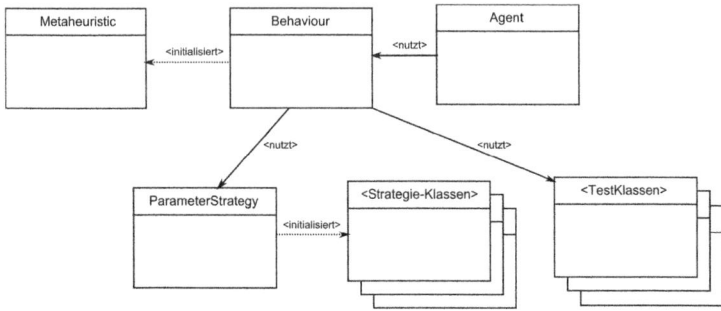

Abbildung 9.1: Klassen-Abhängigkeits-Diagramm der Agenten-Struktur mit dem austauschbaren Verhalten.

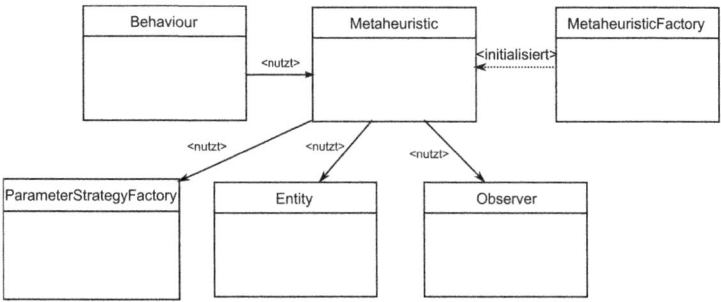

Abbildung 9.2: Klassen-Abhängigkeits-Diagramm der Metaheuristik-Struktur.

angedeutet. Jedes Verhalten besitzt außerdem eine Parameter-Strategie, mit der in die Metaheuristik dynamisch eingegriffen und die Parameter angepasst werden können. Als Strategie sind verschiedene Umsetzungen prototypisch angedeutet. Die *Behaviour*-Klasse bietet dabei alle notwendigen Funktionen, welche es erlauben, durch den Agenten gesteuert zu werden. Das Verhalten besitzt dabei eine Methode, die durch die Agentenklasse aufgerufen wird und einmal durchläuft. Die Agentenklasse kann beliebig viele Verhalten besitzen, welche iterativ durchlaufen werden. Wird ein Verhalten erfolgreich ausgeführt, wird sofern vorhanden, dass nächste Verhalten angenommen. Ist kein nächstes Verhalten vorhanden, startet der Zyklus von vorne. Die *TestKlassen* werden vom Verhalten genutzt um verschiedene Evaluationsschritte innerhalb der Optimierung anzustoßen.

Das Paket Metaheuristik besitzt weitere abstrakte Klassen die benötigt werden,

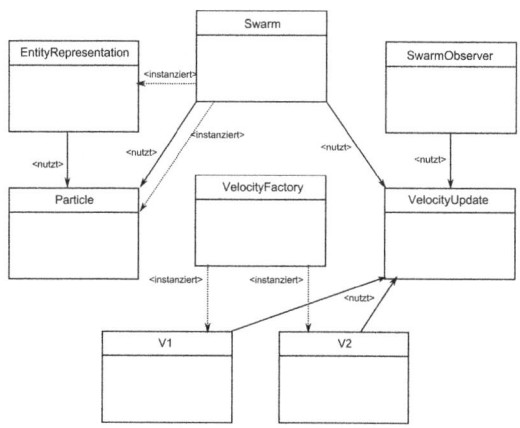

Abbildung 9.3: Klassen-Abhängigkeits-Diagramm der konkreten PSO-Umsetzung.

um eine global gültige Umsetzung zu gewährleisten (siehe Abbildung 9.2). Dabei ist es so entwickelt, das jede Populations-basierte Metaheuristik umgesetzt werden kann. Jede Population besteht aus Einheiten (*Entitys*), einem *Observer*, einer *ParameterStrategyFactory* und der Hauptklasse *Metaheuristics*. Der *Observer* dient dazu, den aktuellen Verlauf der Optimierung zu beobachten und Schlüsse daraus zu ziehen bzw. neues Wissen zu generieren, welches dann über die Metaheuristik dem Agentenverhalten zur Verfügung gestellt werden kann. Die Metaheuristik registriert sich bei der *MetaheuristicfFacotry*, um damit als flexible Instanz verschiedenem Agentenverhalten zur Verfügung zu stehen. Somit ist es möglich, mehrere gleichartige Metaheuristiken zu nutzen und sie dennoch durch verschiedene Verhalten mit unterschiedlichen Parameterstrategien (anhand der *ParameterStrategyFactory*) zu konfigurieren. Dies erleichtert das Testen von den in dieser Arbeit vorgestellten Ansätzen erheblich, da nicht komplett neue Metaheuristiken entwickelt werden müssen.

Eine konkrete Umsetzung der PSO ist in Abbildung 9.3 zu sehen. Der *Swarmobserver* dient als Beobachter und anhand einer *VelocityFactory* können verschiedene *update*-Regeln genutzt werden. Als Basis wurden die am häufigsten verwendeten *update*-Formeln umgesetzt (Im Code sind diese als *V1* und *V2* angedeutet). Die Partikel werden durch die *Particle*-Klasse repräsentiert welche anhand der abstrakten *EntityRepresentation*-Klasse definiert wurde. Die *Particle*-Klasse besitzt nun konkrete Werte, um in der PSO genutzt zu werden. Durch die beschriebene *MetaheuristicFactory* kann diese PSO nun mehrfach verwendet werden und beliebige Problemfunktionen lösen.

Um bei dem Testen der Metaheuristik auf vorgeschlagene Problemfunktionen zurückzugreifen, wurden die von [BK07] vorgeschlagenen Problemfunktionen zum Vergleich von Metaheuristiken genutzt und implementiert. Diese sind unter der abstrakten Klasse *BFunction* vorhanden und können somit ohne Probleme innerhalb der Metaheuristiken ausgetauscht werden.

In der Testumgebung können spezielle Testklassen definiert werden. Dabei umfasst jeder Test eine Vorbereitung und eine Nachbearbeitungsmethode, um damit Daten und statistische Tests in Dateien zu speichern und den internen Speicher zu entlasten. Über eine *testCaseFactory* können beliebige Tests registriert und abgerufen werden, um somit alle Tests, wiederholbar und nachvollziehbar zu gestalten. Dabei wird für jeden Testfall automatisiert der *SEED*-Wert zurückgesetzt um somit wiederholbare Mengen von randomisierten Werten zu bekommen. Unter einem *stats*-Paket sind Klassen zur automatisierten Auswertung von Ergebnismengen vorhanden. So können über t-Test-Funktionen Mengen verglichen werden, aber auch die Mittelwerte und Standardabweichungen berechnet werden.

Da in zwei Ansätzen in dieser Arbeit Entscheidungsbäume genutzt werden, sind diese über die *WEKA*-Bibliothek ebenfalls vorhanden und werden durch eine Klasse repräsentiert und genutzt. Dabei ist das Trainieren gekapselt und auf die in der Arbeit verwendeten Mengen adaptiert worden. Somit sind Testfälle mit Entscheidungsbäumen ebenfalls ohne Umstände mit diesem Prototypen abgebildet und verwendbar. Als Zusatz ist die Möglichkeit Boxplots zu erstellen vorhanden. Diese können zusätzlich als Bilder abgespeichert werden und bieten somit die Möglichkeit einer ausführlichen Analyse und Dokumentation.

Diese Testumgebung erlaubt es dem Benutzer, in der Evaluation gezielte Tests umzusetzen und die PSO mit all den vorgestellten Ansätzen auszustatten und zu evaluieren. Jeder Test kann beliebig häufig, mit verschiedenen oder aber auch gleichen *SEED*-Werten, ausgeführt werden und bietet somit eine ideale Testumgebung für die in dieser Arbeit entwickelten Ansätze.

10 Evaluation der Agentenbasierten PSO-Erweiterungen

Nachdem im letzten Kapitel das *Framework* zur Evaluation eingeleitet wurde, werden nun die vorgestellten Ansätze anhand von Testszenarien evaluiert. Dabei wird jedes Experiment, sofern nicht anders beschrieben, 100 mal wiederholt und der Mittelwert über alle Durchläufe gebildet, um ein aussagefähiges Ergebnis zu erzielen. Ebenfalls werden die *SEED*-Werte gespeichert um jedes Experiment wiederholen zu können. Die Experimente sind so ausgelegt, dass sie gezielt auf die Funktionalität der einzelnen Ansätze abzielen. Dadurch ist das Szenario unterschiedlich gewählt, um eine gefestigte Aussage über die Ergebnisse treffen zu können. Die grundlegende Frage bei allen Experimenten ist neben der technischen Umsetzbarkeit des Konzeptes auch die Überprüfung der Hypothesen der Verbesserungen der Standard-PSO zu testen. Das Ziel ist es eine signifikante Verbesserung der PSO anhand des neuen Ansatzes zu erreichen und dabei einen nur gering höheren Rechenaufwand zu erzielen.

10.1 Agenten-basierte parallele Schwarmberechnung

Wie in Kapitel 5 beschrieben wurde ein Agenten-Ansatz konzipiert, der die Verteilung der PSO durch den Austausch von Partikeln umsetzt. Um die Effekte dieses Austausches zu überprüfen sind Experimente notwendig, um folgende Eigenschaften zu überprüfen:

- *Laufzeitreduzierung:*
  Können Ergebnisse mit identischer oder besserer Güte in effizienterer Zeit erzielt werden? Dabei muss der Ansatz zu einer normalen PSO auf einem Rechner getestet werden.

- *Qualitätssteigerung:*
  Können die Ergebnisse der Optimierung bei gleicher Laufzeit verbessert werden? Dabei muss ein Test gegen die Standard-PSO in vergleichbaren

Funktion	Suchraumgrenzen	D	Initialisierung	Opt.	$f(\text{Opt.})$
f_3	$(-30,30)^D$	30	$(15,30)^D$	1.0^D	0
f_5	$(-5.12,5.12)^D$	30	$(2.56,5.12)^D$	0^D	0
f_6	$(-32,32)^D$	30	$(16,32)^D$	0^D	0

Tabelle 10.1: Begrenzungen und Dimensionen der Testfunktionen

Umgebungen stattfinden, da durch parallele Optimierungen der zu evaluierende Ansatz theoretisch einen Vorteil durch die höhere Anzahl an Partikel besitzt.

Bei der Testdurchführung werden die vorgeschlagenen Einstellungen und Funktionen von Bratton und Kennedy [BK07] zur Evaluierung von sequentieller PSO genutzt. Von den vorgeschlagenen 14 Funktionen werden drei verschiedenartige Funktionen genutzt, die sich in ihrer Komplexität und Konvergenz unterscheiden:

1. *Generalized Rosenbrock*:

$$f_3 = \sum_{i=1}^{D-1} \left(100(x_{i+1} - x_i^2)^2 + (x_i - 1)^2 \right)$$

2. *Generalized Rastrigin*:

$$f_5 = \sum_{i=1}^{D} \left(x_i^2 - 10\cos(2\pi x_i) + 10 \right)$$

3. *Ackley*:

$$f_6 = 20 + e - 20 \cdot exp\left(-0.2\sqrt{\tfrac{1}{D}\sum_{i=1}^{D} x_i^2}\right) - exp\left(\tfrac{1}{D}\sum_{i=1}^{D} cos(2\pi x_i)\right)$$

Dabei werden folgende Eigenschaften der Funktionen beachtet (siehe Tabelle 10.1). Die Suchraumgrenzen beschreiben für jede der D Dimensionen die obere und untere Grenze. Der Suchraum ist kontinuierlich und die Partikel werden innerhalb der Initialisierungsgrenzen initialisiert. Das globale Optimum ist für alle Dimensionen unter Opt. beschrieben und der Funktionswert bei allen Null. Abweichend zur Arbeit von Bratton und Kennedy werden pro Schwarm 100 Partikel gestartet. Dies dient dazu, dass der Austausch der Partikel bei langsameren Systemen nicht zum Verlust der Mehrzahl an Partikeln führt. Würde dies passieren, würde

10.1 Agenten-basierte parallele Schwarmberechnung

die PSO nicht mehr korrekt funktionieren[1]. Jede Berechnung der Problemfunktion wird als Evaluationsschritt bezeichnet. Die Optimierung terminiert nach 300.000 Evaluationsschritten. Um die verschiedenen Wahrscheinlichkeitswerte zu beachten, werden alle Versuche 30 mal mit verschiedenen *SEED*-Werten wiederholt und geben den Mittelwert als Zielwert aus. Im ersten Versuch werden sich ein, zwei, vier und acht Schwarm-Agenten zu dem Koordinations-Agenten verbinden und beenden sich, sobald die Summe aller Evaluationsschritte der einzelnen Agenten den Zielwert (300.000) erreicht hat. Das bedeutet, dass die Gesamtschwarmgröße zwischen 100 und 800 Partikeln variiert und zwischen 3000 (ein Schwarm-Agent) und 375 (acht Schwarm-Agenten) Epochen gerechnet wird. Nach zehn Epochen wird jeweils eine Austauschphase eingelegt. Damit ein Handel entsteht, ist die minimale Anzahl der zu tauschenden Partikel auf 5% gesetzt. Bedingt durch die bessere Anpassungsfähigkeit wird die *inertia-weight-update*-Formel genutzt und bedingt durch die große Anzahl der Partikel die Schwarmparameter auf $w = 0.825$, $c_1 = 0.915$ und $c_2 = 0.915$ gesetzt. Zum Vergleich wurde jeweils ein einzelner Schwarm-Agent mit 800 Partikeln gestartet.

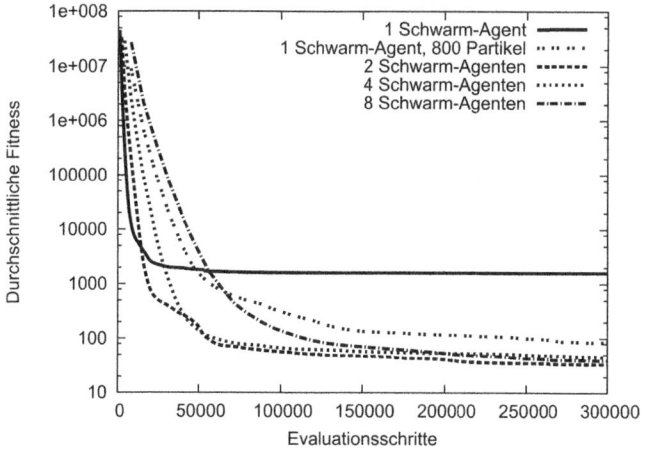

Abbildung 10.1: Konvergenz der Funktion f_3

---

[1] Wenn ein Schwarm nur aus einem Partikel besteht, so ist die Konvergenz nur noch abhängig von der Startrichtung und Geschwindigkeit und würde nicht mehr optimieren.

Ergebnisse der Laufzeitreduzierung

Im ersten Experiment wird die Laufzeitreduzierung überprüft. Dabei ist entscheidend, wie gut ein verteilter Ansatz in Bezug zum zentralen Standard-PSO auf einem Rechner eine adäquate Lösung findet und ob dies in identischer Zeit oder schneller geschafft wird. Jedes Experiment wird dafür nach identischer Anzahl an

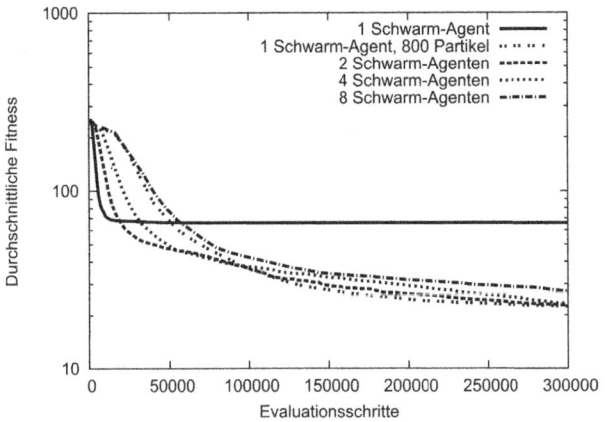

Abbildung 10.2: Konvergenz der Funktion f_5

Epochen (gleiche Anzahl an berechneten Partikelfitnesswerten) beendet, um dadurch die Resultate nach identischer Zeit vergleichen zu können. In den verteilten Ansätzen ist die Terminierung folglich schneller erreicht als auf einem Rechner mit 800 Partikeln. Wie in Abbildung 10.1, 10.2 und 10.3 zu sehen ist, liefert eine höhere Anzahl an Schwarm-Agenten in der gleichen Anzahl der Evaluationen immer ein besseres Ergebnis als eine normale PSO. Dies ist theoretisch auf die höhere Anzahl an Partikeln zurückzuführen, doch der Vergleich mit der einzelnen Optimierung mit 800 Partikeln zeigt, dass das Ergebnis der Schwarm-Agenten etwas besser abschneidet als das Ergebnis der einzelnen Optimierung (vgl. Tabelle 10.2). Die Zeitersparnis beim verteilten Berechnen beläuft sich bei einer Anzahl an Agenten c allerdings nicht auf $\frac{1}{c}$, da mit jedem zusätzlichen Agenten der Kommunikationsaufwand steigt und dadurch auch die Austausch-Phase länger dauert. Dennoch ist diese zeitliche Unterbrechung bei komplexeren Funktionen zu vernachlässigen, da sie im Vergleich zu dem Berechnungsaufwand der Fitnessfunktion gering ist.

10.1 Agenten-basierte parallele Schwarmberechnung

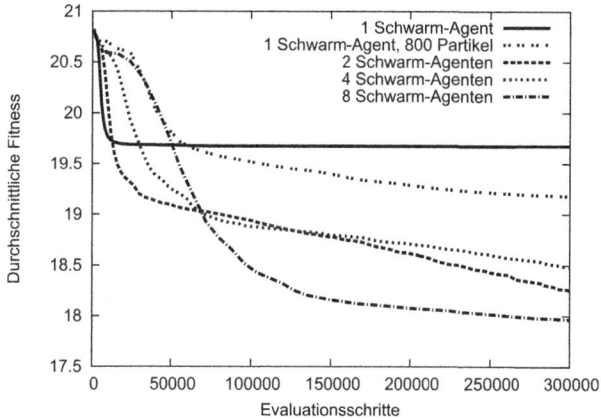

Abbildung 10.3: Konvergenz der Funktion f_6

F.	# SA	median	⌀	std. err.	Varianz	min.	max.
f_3	1	669.776	1598.964	2386.793	5696780	152.316	9900.26
	2	20.127	33.844	20.127	837.279	1.724E-4	93.079
	4	22.195	44.209	33.183	1101.157	0.010	84.993
	8	24.953	39.789	28.031	785.778	7.771	96.089
	1 (800 Par.)	83.071	83.990	36.758	1351.199	24.745	144.464
f_5	1	63.844	65.859	20.032	401.315	36.080	128.802
	2	22.888	22.576	5.798	33.625	11.948	33.829
	4	20.983	22.886	6.562	43.065	11.951	40.853
	8	25.884	27.165	6.017	36.205	18.904	39.803
	1 (800 Par.)	20.820	22.237	7.936	62.986	12.398	46.022
f_6	1	19.706	19.675	0.162	0.026	19.149	19.897
	2	18.809	18.250	2.900	8.410	3.158	19.398
	4	19.157	18.480	3.505	12.287	1.102E-11	19.489
	8	19.289	17.967	4.889	23.904	7.316E-6	19.556
	1 (800 Par.)	19.394	19.178	0.836	0.699	15.206	19.685

Tabelle 10.2: Statistisches Ergebnis nach 30 Durchläufen mit 300.000 Evaluationsschritten

10.1 Agenten-basierte parallele Schwarmberechnung

Ergebnisse der Steigerung der Qualität

Im zweiten Experiment wird nun die Qualitätsteigerung verglichen, indem jeder Agent immer 300.000 Evaluationen berechnet. Dabei ist der zeitliche Rechenaufwand identisch, es werden allerdings bei mehreren Schwarmagenten in der Summe mehr Evaluationsschritte berechnet als bei einer einzelnen Optimierung. In Abbildung 10.4, 10.5 und 10.6 wird deutlich, dass die Lösungsqualität bei der verteilten Berechnung besser ausfällt. Auch im Vergleich zu der identischen Anzahl an Partikeln innerhalb eines Schwarm-Agenten ist die verteilte Berechnung von den Teil-Schwärmen effizienter.

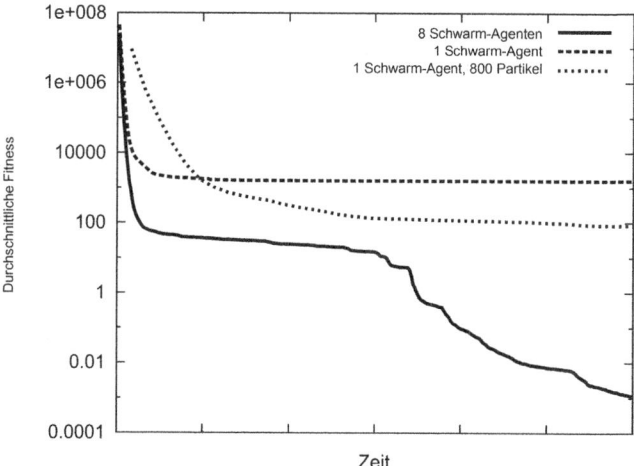

Abbildung 10.4: Güte des Ergebnisses bei identischer Epochenanzahl pro Agent für f_3.

Fazit

Zusammenfassend ist das Ergebnis positiv zu bewerten, da gezeigt wurde, dass Integration von Wissen dynamisch während der Optimierung möglich ist und dieses Wissen dazu führt, dass die Optimierung eine höhere Effizienz erreicht, als sie standardmäßig erreichen würde. Es zeigt, dass Vorwissen oder berechnetes Wissen über eine Problemfunktion eine Optimierung positiv beeinflussen kann, ohne dabei die Eigenschaften der Optimierung zu stören. Im Vergleich zu hybriden Optimierungsansätzen (siehe Kapitel 3.2.3), die darauf basieren, dass die Berechnung

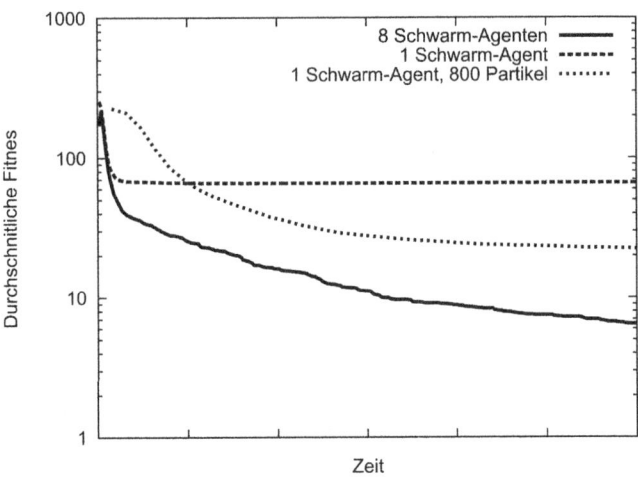

Abbildung 10.5: Güte des Ergebnisses bei identischer Epochenanzahl pro Agent für f_5.

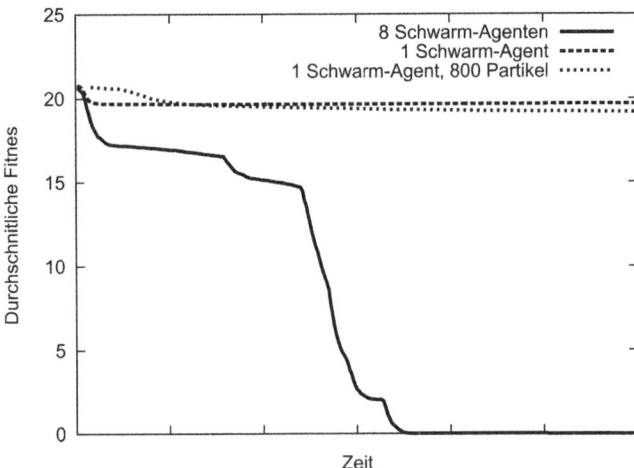

Abbildung 10.6: Güte des Ergebnisses bei identischer Epochenanzahl pro Agent für f_6.

des nächsten Punktes im Suchraum nicht nur auf eine Metaheuristik zurückzuführen ist, sondern aus einer Kombination an verschiedenartigen Metaheuristiken berechnet wird, ist bei unserem Ansatz die Optimierungsmethode unverändert. Der Ansatz der APPSO zeigt, dass keine Veränderung der Optimierungstechnik (z.B.

die Berechnung des nächsten Punktes anhand der Geschwindigkeit), sondern nur die gegebene Strategie mit neuem Wissen angereichert wird, welche sich dann auf die Suchraumbelegung auswirkt. Es wird folglich nicht die Strategie geändert, sondern nur die Basis auf der die Optimierung wirkt. Dadurch ist es möglich, dass jegliche Arten von Optimierungen (sofern sie auf Punkten im Suchraum basieren) voneinander Nutzen ziehen können, bzw. die PSO bereichern, indem sie ihr neues Wissen transferieren und in die PSO integrieren.

Eine weitere Möglichkeit, Wissen zum Transferieren zu generieren, ist es die Optimierungsparameter dynamisch anzupassen.

10.2 Analyse der Strategiewechsel

In diesem Abschnitt werden die Funktionseigenschaften aus Kapitel 6.1 umgesetzt und evaluiert, um die dynamische Parameteranpassung zur Laufzeit zu testen. Um während der Optimierung schnell zwischen den Strategien zu wechseln, wird ein schneller Klassifizierer benötigt. Die Entscheidung fällt auf einen Entscheidungsbaum, da dieser basierend auf den acht Eingabeeigenschaften ausreichende schnell eine der vier verschiedene Ausgabestrategien berechnet. Als Entscheidungsbaum wird in den Tests der *C4.5 Entscheidungsbaum* [Qui93] aus der *WEKA-Bibliothek*[2] genutzt.

Um den Baum zu trainieren, müssen Trainingsmengen erstellt werden, d.h. Eigenschaften-Tupeln müssen geeignete Strategien zugeordnet werden. Damit geeignete Trainigsmengen generiert werden können, werden 20 parallele Schwärme gestartet, die alle komplett identisch sind. Das bedeutet, dass jeder Partikel im Schwarm die identischen Werte (Position, Geschwindigkeit, etc.) besitzt. Der Schwarm besteht aus 30 Partikeln und der g_{best}-Topologie. Maximal 300.000 Evaluationen werden berechnet und auf den Funktionen *Generalized Rosenbrock, Generalized Rastrigin* und *Ackley* angewendet. Bevor die Optimierung startet, werden die Eigenschaften berechnet und gespeichert. Jeder dieser Schwärme wird mit einer der vier verschiedenen Strategien gestartet und nach *n*-Epochen angehalten (siehe Abbildung 10.7). Die Ergebnisse der 20 parallelen Schwärme werden verglichen und die Strategie des besten Schwarms wird dann den zuvor berechneten Eigenschaften zugeordnet. Im Anschluss werden alle Schwärme wieder auf die identischen Eigenschaften gesetzt. Dabei wird die beste Optimierung zu diesem

---
[2]URL:http://www.cs.waikato.ac.nz/ml/weka/

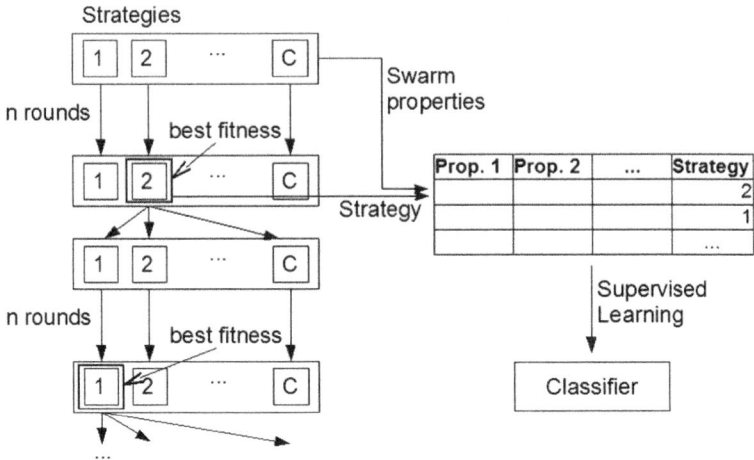

Abbildung 10.7: Testkonzept zur Strategieextraktion bei der Optimierung.

Zeitpunkt 20 mal kopiert und erneut die Eigenschaften berechnet. Dies wiederholt sich bis das Abbruchkriterium von 300.000 Evaluationen die Optimierung stoppt. Dies bedeutet, dass abhängig von n, $\frac{300.000}{30 \cdot n}$ Eigenschaften (bei einem n von 20 bedeutet das 500 Eigenschaftstupel) einer Strategie zugeordnet werden. Diese Optimierungen werden 5000 mal ausgeführt, um eine geeignete große Trainingsmenge zu bekommen, mit der der *C4.5-Entscheidungsbaum* trainiert werden kann. Als Variationen wechselt das n zwischen 20 und 100 Epochen. Als Variation der Parameterstrategien für die parallelen Schwärme werden die Faktoren zwei und zehn Prozent genutzt, um einen Überblick zu bekommen, wie sich eine starke oder eher schwache Veränderung der Parameter auswirkt. Dies bedeutet, dass beim ersten Durchlauf die Parametersätze jeweils um 10% (d.h. um einen Faktor von $*1.1;/1,1;*1,2;/1,2$ usw. multipliziert bzw. dividiert werden) laut der Tabelle 6.1 verändert werden und im zweiten Durchlauf um 2%.

Mit diesem trainierten Entscheidungsbaum kann nun der Klassifizierer getestet werden. Als erste Testphase wird der Mittelwert von 1000 Standard-PSO gegen jeweils den Mittelwert von 1000 mal 20 parallelen Schwärmen mit verschiedenen Parametereinstellungen getestet, welche nach n Epochen immer wieder zu dem zu diesem Zeitpunkt besten Schwarm wechseln und dessen Partikel kopieren. Mit diesem Test wird überprüft ob der Ansatz der wechselnden Parameter während der Laufzeit positive Ergebnisse erzielt. Das Ergebnis zeigt wie erhofft, dass die parallelen Schwärme ein signifikant besseres Ergebnis im Vergleich zu der Standard-

10.2 Analyse der Strategiewechsel

PSO erzielen. Die parallelen Schwärme werden in der zweiten Testphase durch eine PSO, die den trainierten Entscheidungsbaum zum Parameterwechsel nutzt, ersetzt und es wird versucht, das identische Ergebnis zu erzielen, ohne dabei 20 Schwärme zu berechnen.

Ergebnis

Das Ergebnis in allen Variationen (10%,2%, $n = 20$, $n = 100$) ist, dass der Standard-PSO signifikant besser als die durch dynamische Veränderungen anhand eines Entscheidungsbaums angepasste PSO war. Dies kann an der Vielzahl der klassifizierten Parameter liegen oder daran, dass die Funktionseigenschaften zur Klassifizierung eines Parametersatzes nicht den gewünschten Vergleich bringen. Durch den Entscheidungsbaum kann z.b. eine beginnende Optimierung nicht von einer endenden unterschieden werden, da die Eigenschaften ziemlich ähnlich sind (in beiden Abschnitten ist der Schwarm ziemlich kompakt und langsamer). Dadurch kann es zu einer falschen Auswahl von Parametern kommen, was zu einem negativen Ergebnis führt, da z.b. eine Beschleunigung statt einer Fokussierung gewählt worden ist. Folgende Ursachen können konkret dabei eine Rolle spielen:

- Die Parameter für die Strategien sind unabhängig, nicht allgemeingültig und erzielen durch den hohen Anteil von Wahrscheinlichkeiten innerhalb der *update*-Formel nicht immer adäquate Ergebnisse.

- Die Eigenschaften des Schwarms reichen nicht aus, um den aktuellen Zustand zu klassifizieren und damit auf einem Entscheidungsbaum abzubilden.

- Die Anzahl der klassifizierten Parameter verändern sich, da sie unterschiedlich gewichtet sind innerhalb der Optimierung und daher jeweils unabhängig voneinander sind (im Speziellen w und c_1, c_2).

- Es kann nicht anhand der Eigenschaften zwischen den aktuellen Zuständen der Optimierung unterschieden werden und daher wird falsch klassifiziert.

Da die parallelen Schwärme im Gegensatz zu einem trainierten einzelnen Schwarm ein positives Ergebnis zeigen, wird die Veränderung der Paramteranzahl angegangen. Folglich ändert sich die *update*-Regel zur *constriction-update*-Formel und versucht auf gleiche Weise den einzelnen Parameter k als Ausgabe des Entscheidungsbaums zu erlernen. Bei diesem Versuch, in dem ansonsten alles identisch geblieben ist, ist kein signifikanter Unterschied zum Ergebnis einer einzelnen PSO herauszustellen. Das bedeutet, dass die Optimierung ähnlich verlaufen wird, trotz der sich verändernden Parameter während der Optimierung. Dies lässt weiter den Gedanken zu, dass es möglich ist, in die Optimierung anhand der Parameter einzugreifen, sofern es sich um einen einzelnen Parameter handelt. Mit diesem Gedanken kann die mathematische Analyse der Parametereinstellung angegangen werden.

10.3 Mathematische Analyse der Funktion

Ausgehend von der dynamischen Parameteranpassung werden in diesem Kapitel die Parameter vor dem Start der Optimierung, nicht während der Optimierung, auf die unterliegende Fitnessfunktion angepasst. Im ersten Schritt müssen geeignete Parameterkonfigurationen gefunden werden, die besser als der Standard-Parametersatz abschneiden. Die unterliegenden Problemfunktionen sind erneut die bekannten von Bratton und Kennedy. Wir nutzen in diesem Fall: *Ackley, Gen. Schwefel, Griewank, Rastrigin, Rosenbrock, Schwefel* und die *Sphere*-Funktion, da sie ein breites Spektrum von Fitnesslandschaften abbilden und bestimmte Charakteristika (Hügelig, stetig, etc.) besitzen. Um die in Kapitel 6.2 definierten Funktionsmerkmale zu berechnen, werden maximal 1% der Fitnessevaluationen genutzt. Damit diese 1% der Fitnessberechnungen wird die restliche Optimierung, ausgehend von der vorgeschlagenen Gesamtanzahl an Fitnessfunktionsberechnungen, auf 99% der Evaluationen beschränkt. Das heißt, es werden alle Parameterkonstellationen (siehe Abbildung 6.7) auf diesen Funktionen durchsucht, wobei jede Konstellation 100 mal durchlaufen wird um die Wahrscheinlichkeiten herauszurechnen.

In Tabelle 10.3 haben wir die Ergebnisse aufgeführt. In der Spalte, die mit dem ∗ gekennzeichnet ist, geben wir die gefundene Lösung nach 99% der Berechnungen unter Nutzung der angegebenen Parameter an. Dabei ist ein Vergleich mit der PSO aus der Referenz von Bratton und Kennedy angegeben. Zusätzlich ist ebenfalls der Vergleich mit dem umgesetzten Algorithmus und den Standardparametern eingefügt. Da die *Generalized Schwefel*-Funktion und die *Rastrigin*-Funktion ähnliche Fitnesslandschaften haben, ergeben sich identische beste Parameterkonfigurationen. Daher können diese beiden Funktionen zu einer Klasse zusammengefügt und somit die Gesamtanzahl der Klassen auf insgesamt sechs Parameterklassen beschränkt werden. Die *Schwefel*- und *Sphere*-Funktion sind einfache Fitnesslandschaften, was zur Folge hat, dass mehrere Konfigurationen zu dem optimalen Endergebnis führen.

10.3 Mathematische Analyse der Funktion

Funktion	Tests			Referenz in [BK07]		Gefundene Parameter
	beste Konf.	beste Konf.*	Standart	gbest	lbest	(W, C_1, C_2)
Ackley	**2.58**	2.62	18.34	17.6628	17.5891	(0.7893, 0.3647, 2.3541)
Gen. Schwefel	**2154**	2155	3794	3508	3360	(0.7893, 2.4098, 0.3647)
Griewank	**0.0135**	0.0135	0.0395	0.0308	***0.0009***	(0.6778, 2.1142, 1.3503)
Rastrigin	**6.12**	6.12	169.9	140.4876	144.8155	(0.7893, 2.4098, 0.3647)
Rosenbrock	**0.851**	0.86	4.298	8.1579	12.6648	(0.7123, 1.8782, 0.5902)
Schwefel	**0**	0	0	0	0.1259	mehrere Konf.
Sphere	**0**	0	0	0	0	mehrere Konf.

Tabelle 10.3: Vergleich der gefundenen Lösungen mit den besten Konfigurationen und der Standardparameterkonfiguration; * zeigt die beste Lösung nach 9900 Epochen, das ergibt 297000 Funktionsevaluationen.

Klasse	klassifiziert als						Genauigkeit	Präzision
	Ack.	Grie.	G.S./R.	Rosen.	Schwe.	Sphe.	Prozent	Prozent
Ackley	**299**	1					99.7	99.7
Griewank	1	**116**	1			183	38.7	48.1
Gen.Schwe./Rast.		1	**583**	13	2	1	97.2	97.2
Rosenbrock			15	**283**	1		94.3	95.3
Schwefel				1	**299**		99.7	99.0
Sphere		123	1			**176**	58.7	48.9

Tabelle 10.4: *Confusion matrix der stratified 10-fold cross validation*

Klasse	Ack.	Rast.	Rosen.	Schwe.	Griew.
Sphere	0	0	0	0	300

Tabelle 10.5: *Sphere*-Funktion getestet.

Klasse	Ack.	Rast.	Rosen.	Schwe.	Sphere
Griew.	0	1	0	0	299

Tabelle 10.6: *Griewank*-Funktion getestet.

Für die Evaluation der Funktionsmerkmale wird ein *C4.5-Entscheidungsbaum* genutzt, welcher im *WEKA*-Tool als *J4.8-Algorithmus* umgesetzt wurde. Zu jeder Funktion werden 300 unabhängige Instanzen der Merkmale berechnet und den Klassen zugeordnet. Dies dient als Trainingssatz für den Entscheidungsbaum. Um die Genauigkeit des trainierten Modells zu bewerten, wird die *stratified 10-fold cross validation*, wie sie in [HK06] vorgestellt wurde, eingesetzt. Dabei wird die Trainingsmenge zufällig in zehn gleich große Mengen aufgeteilt. Der Entscheidungsbaum wird mit den ersten neun trainiert und mit der zehnten Menge validiert. Dies wird für jede Untermenge als Validationsmenge wiederholt. Dadurch wird eine Genauigkeit für unsere sechs Klassen von 84,3 Prozent erreicht. Verteilt auf die einzelnen Funktionen ergibt das die *confusion matrix*-Tabelle 10.4.

Die hohe Präzision und Genauigkeit zeigen, dass die vorgestellten Merkmale ausreichend sind, um eine gute Funktions-Klasse zu bilden. Allerdings wird die Klassifikation durch die *Griewank*- und *Sphere*-Funktionen negativ beeinflusst. Wie zu erkennen ist, sind diese beiden Funktionen anscheinend ähnlich. Um diese Beobachtung zu untermauern, ist die jeweilige Klasse aus dem Trainingsset herausgenommen worden und der Entscheidungsbaum wurde von Neuem trainiert. Als Testdaten wurden dann die jeweils ausgelassenen Daten gewählt. Das Ergebnis für die *Sphere* und die *Griewank*-Funktion ist in folgenden Tabellen in Abbildung 10.5 und Abbildung 10.6 dargestellt.

Es ist zu erkennen, dass ohne die ausgelassene Funktion alle Instanzen komplett der anderen Funktion zugeordnet werden. Das unterstreicht unsere These, dass diese beiden Funktionen bzgl. der Merkmale ähnlich sind und daher als eine Klasse betrachtet werden können. Werden nun diese beiden Funktion zu einer Klasse kombiniert und der Entscheidungsbaum neu trainiert, wird eine Genauigkeit von 98,6 Prozent erreicht und damit ein deutliches Ergebnis.

Diese Parameterklassifikation wird, bevor die Optimierung startet, eingesetzt

10.3 Mathematische Analyse der Funktion

und erreicht somit in der gleichen Rechenzeit eine signifikant bessere Lösung, da wie beim Standard-PSO die gleiche Anzahl an Fitnessfunktionsberechnungen genutzt wird.

Zusammenfassung der Analyseergebnisse

Aus den Ergebnissen der vorangegangenen Experimente ist deutlich zu erkennen, dass die Veränderung der Parameter, ob zur Laufzeit oder zu Beginn der Optimierung einen erheblichen Anteil an der Güte des Ergebnisses haben. Dabei wurde zwischen der Analyse der Optimierung und der mathematischen Analyse der unterliegenden Fitnessfunktion unterschieden. In beiden Fällen wurde gezeigt, dass es möglich ist, Rückschlüsse zu entnehmen und dieses Wissen zu extrahieren, um es weiter zu verwenden. Bei der Analyse des Schwarmverhaltens wurde deutlich, dass es möglich ist, während der Laufzeit die Parameter neu zu konfigurieren, um ein besseres Ergebnis zu erzielen. Allerdings reichen die gewählten Eigenschaften, um ein maschinelles Lernverfahren erfolgreich zu nutzen. Es bleibt zu testen, ob sich ein logisches Schluss-Verfahren auf Grenzwerte der einzelnen Eigenschaften positiver auswirkt. Die Essenz dieses Experiments ist jedoch, dass ein Schwarm zur Laufzeit manipuliert werden kann.

Im mathematischen Verfahren wurden Merkmale aus den unterliegenden Funktionen extrahiert, um einen abstrakten Überblick über die Fitnesslandschaft zu bilden. Für ausgewählte Funktionen wurden die besten Parametersätze ausgesucht und diese bildeten zusammen mit den Merkmalen Instanzen für einen Entscheidungsbaum. Das Ergebnis fällt positiv aus und zeigt, wie durch bestimmte Merkmale vor der Optimierung bessere Parameterkonfigurationen gewählt werden können, welche mit gleichem Rechenaufwand ein signifikant besseres Ergebnis liefern.

Der mathematische Ansatz kann die Güte der Partikel Schwarm Optimierung verbessern während der davor genannte Ansatz das Potential besitzt, eine Verbesserung darzustellen, welche allerdings durch die Komplexität der Beschreibung des Zustands der PSO verhindert wird. Dennoch ist es ist möglich durch Eingreifen in die laufende Optimierung, ohne dabei das Grundverfahren des Algorithmus zu verändern, Wissen zu extrahieren und Wissen zu integrieren.

10.4 Evaluation der *update*-Formel durch eine Erweiterung eines Anziehungsfaktors

In Kapitel 7.1 wurde die *update*-Formel erweitert, um auf einem künstlichen Potentialfeld den Schwarm in eine gewünschte Richtung zu steuern. Das künstliche Potentialfeld wurde in diesem Fall über die Fitnessfunktion gelegt, welche eine Höhenlinienabstraktion einer Landkarte widerspiegelt. In diesem Experiment soll getestet werden, ob die Erweiterung der *update*-Formel um einen zusätzlichen Faktor es ermöglicht, den Schwarm zu bestimmten Punkten im Suchraum zu ziehen und somit aus lokalen Minima entkommen zu lassen.

Zum Testen dieser erweiterten *update*-Formel wird ein 2-dimensionaler Suchraum genutzt, in dem bestimmte Punkte in einer definierten Reihenfolge vom Schwarm besucht werden sollen. Dazu werden die Standardparameter eingesetzt und um einen Faktor $c_3 = 0.05$ ergänzt. Dieser fällt nur gering aus, da die normale Optimierung nicht gestört, sondern lediglich beeinflusst werden soll. Des Weiteren ist dieser neue Faktor auch dazu da, den Schwarm nicht zu stark fokussieren zu lassen, da er sich additiv der Geschwindigkeit anfügt. Sobald der Schwarm einen Zielpunkt erreicht hat, wird er künstlich wieder beschleunigt, indem das Potential in dieser Region angehoben und dadurch der aktuelle g_{best} "uninteressant" wird. Um diese aktuell fokussierte Region schneller verlassen zu können, wird zusätzlich die Geschwindigkeit der einzelnen Partikel um einen konstanten Faktor erhöht. (Es reicht hierbei schon ein Faktor von 1.3, da die eigentliche Optimierung nicht komplett neu initialisiert werden soll.)

Als unterliegende Fitnesslandschaft wird ein bestehendes Potentialfeld genutzt, welches dynamisch anhand von geologischen Landschaftskarten (siehe Abbildung 10.8) aufgebaut wird (siehe Abbildung 10.9). Dabei bekommt das Wasser ein sehr hohes Potential (ist folglich sehr abstoßend), damit nur auf der Insel optimiert wird. Je höher die Landschaft ist, desto höher ist das Potential an dieser Stelle und desto unattraktiver wirkt diese Stelle auf den Schwarm.

Es werden vier Punkte auf der Karte definiert, welche in einer Reihenfolge abgelaufen werden. Der Schwarm wird in der unteren Ecke der Insel initialisiert. Die Optimierung endet erst, wenn der letzte Punkt erreicht ist. Die Optimierung wird 100 mal (siehe Abbildung 10.10) gestartet. Jeder Punkt in den verschiedenen Farben entspricht dem Mittelwert der Optimierung in einer Epoche (siehe Abbildung 10.10a). Jede Farbe steht dabei für einen separierten Durchlauf der Optimierung. In Abbildung 10.10b ist der gemittelte Wert aller Durchläufe eingetragen. Um die

10.4 Evaluation der *update*-Formel durch eine Erweiterung eines Anziehungsfaktors

Abbildung 10.8: Landkarte in 2D.

Abbildung 10.9: Generiertes Potentialfeld als 3D-Fitnesslandschaft.

verschiedenen Durchläufe vergleichbar zu machen (jeder Optimierungsdurchlauf hat unterschiedlich viele Epochen), wird die *Bézier*-Interpolation genutzt und jeweils auf dem Pfad zwischen den einzelnen Punkten angewendet. Es ist gut zu erkennen, dass sich der Schwarm durch den kleinen Eingriff in die *update*-Formel von bestimmten Punkten im Suchraum anziehen lässt. Die Optimierung wird dabei nicht unterbrochen oder verändert, wie daran zu erkennen ist, dass niemals der direkte Weg von Punkt zu Punkt berechnet wurde.

(a) Optimierungsverläufe aller Durchgänge.   (b) Gemittelter Pfad aller Durchläufe.

Abbildung 10.10: Optimierungsdurchläufe auf dem Potentialfeld mit Anziehungspunkten.

Ergebnis der Erweiterung der *update*-Formel

Durch das Einfügen eines neuen Faktors innerhalb der *update*-Formel ist es möglich, den Schwarm steuerbar zu machen. Durch diese Möglichkeit, gezielt eine Optimierung in einem Bereich zu leiten, lässt sich Wissen über z.B. unbekannte Territorien einer Fitnesslandschaft durch einen simplem Austausch von Punkten zwischen PSO austauschen oder von einer anderen Populations-basierten Metaheuristik in die PSO integrieren. Unabhängig von der Laufzeit kann somit jeder Bereich eines Suchraums gezielt angesteuert werden, um damit interessante Punkte zu fokussieren.

10.5 Auswirkung der *Random Points* und Berechnung adäquater Parameter

Als zweite Möglichkeit der Steuerung von PSO wurde eine Explorations/Fokussierungskomponente in Kapitel 7.2 vorgestellt. Dabei werden *Random Points* über einen Suchraum verteilt, die abhängig von dem aktuellen Zustand des Schwarms fokussiert werden und damit eine höhere Explorationsrate erzielen. Es soll hier evaluiert werden, ob dieser Ansatz ein positives Ergebnis in Bezug auf die Güte der Optimierung sowie die Höhe der Exploration erreicht. Es ist dabei zu beachten, dass eine höhere Explorationsrate bei gleichbleibendem Ergebnis ebenfalls positiv zu sehen ist. Wenn die Optimierung mehr Fläche der Fitnesslandschaft durchsucht,

10.5 Auswirkung der *Random Points* und Berechnung adäquater Parameter

ist die Chance höher einen besseren Punkt zu finden.

Die Steuerung der Exploration und Exploitation wurde anhand von drei Parametern (POETE,FETF,POGBC) definiert, welche die Beobachtungskomponente nutzt, um den Schwarm zwischen einem explorativen und dem normalen Zustand wechseln zu lassen. Der explorative Zustand zeichnet sich durch die Abänderung des g_{best}-Wertes auf den am wenigsten frequentierten und am weitesten entfernten *Random Point* aus. In diesem Abschnitt wird ein Standardparametersatz gesucht, welcher für unterschiedliche Funktionslandschaften eine gute Optimierung erlaubt. Generell soll durch die automatisierte Veränderung des Fokusses des Schwarms eine Lösung mit höherer oder mindestens gleichbleibender Güte gefunden werden, wobei jedoch die Explorationsrate höher ist.

Als unterliegende Funktionen werden erneut drei Funktionen aus dem Pool der Evaluationsfunktionen von Bratton und Kennedy [BK07] gewählt, wobei die Dimension D mit der Standardgröße 30 gewählt wurde. Folgende Funktionen wurden ausgewählt, da sie von ihrer Landschafts-Struktur linear fallend, mit wenigen Minima und sehr hügelige ist:

1. *Generalized Rosenbrock*:
$$f_1 = \sum_{i=1}^{D-1} \left(100(x_{i+1} - x_i^2)^2 + (x_i - 1)^2\right)$$

2. *Generalized Rastrigin*:
$$f_2 = \sum_{i=1}^{D} \left(x_i^2 - 10\cos(2\pi x_i) + 10\right)$$

3. *Ackley*:
$$f_3 = 20 + e - 20 \cdot exp\left(-0.2\sqrt{\frac{1}{D}\sum_{i=1}^{D} x_i^2}\right) - exp\left(\frac{1}{D}\sum_{i=1}^{D} cos(2\pi x_i)\right)$$

Die Grenzen des Suchraums sowie das Optimum und der Initialisierungsraum der Partikel sind in Tabelle 10.7 angegeben. Um die Explorationsrate zu messen und vergleichbar zu einer normalen PSO zu machen, wird der Suchraum in jeder Dimension in 1000 gleich große Teile unterteilt. Wenn ein Partikel einen Bereich berührt, wird dieser Bereich als exploriert markiert. Dadurch kann die Anzahl der durchsuchten Bereiche gemessen und dieses Ergebnis zwischen den verschiedenen PSO vergleichen werden.

Function	Feasible Bounds	Optimum	Initialization
f_1	$(-100, 100)^D$	0.0^D	$(50, 100)^D$
f_2	$(-5.12, 5.12)^D$	0.0^D	$(2.56, 5.12)^D$
f_3	$(-32, 32)^D$	0.0^D	$(16, 32)^D$

Tabelle 10.7: Initialisierungsraum, Optimum und Grenzen des Suchraums nach [BK07]

Experiment 1 - Parameter Testen:

Für das testen verschiedener Parametereinstellungen, um damit herauszufinden, ob die erhöhte Explorationsrate eine gleichbleibende oder höhere Güte des Ergebnisses erzielt, werden die Standardeinstellungen für einen Schwarm laut Bratton und Kennedy [BK07] genutzt. Die Größe des Schwarms beträgt 50 Partikel und es werden 6000 Epochen berechnet. Die Parametervariationen sind in Tabelle 10.8 angegeben. Getestet werden alle Permutationen der angegebenen Parameter, die durch ihre Schrittgröße erzeugt werden. Es werden von jeder Einstellung 100 Durchläufe

Parameter	Start	End	Schrittgröße
POETE	0.6	1.4	0.1
FETF	1.0	5.0	0.5
POGBC	0.5	1.4	0.1

Tabelle 10.8: Variationen der Parametereinstellungen.

praktiziert, wobei jede Einstellung mit dem gleichen *SEED*-Wert beginnt. Dadurch bekommt jede Einstellung die gleiche Abfolge von Wahrscheinlichkeitszahlen zugewiesen. Von diesen 100 Durchläufen werden die Mittelwerte berechnet, um statistische Aussagekraft zu erlangen. Verglichen werden die Ergebnisse nicht nur untereinander, sondern auch mit einer Standard-PSO, die ebenfalls 100 mal berechnet worden ist.

Zur besseren Darstellung im 3-Dimensionalen Raum wurden jeweils nur zwei, der neu eingeführten Parameter, angegeben und der dritte (in unserem Fall POETE) festgesetzt. In Abbildung 10.11 ist die lineare Funktion getestet worden. Die rote Ebene zeigt die Standard-PSO, welche durch keinerlei Variation immer den gleichen Wert behält, während die grüne Fläche die verschiedenen Ergebnisse der Konfigurationen zeigt. Als *FitnessMean* wird der erzielte Ergebnisfitnesswert bezeichnet. *QualityMean* beschreibt hingegen die Explorationsrate (Je höher desto

10.5 Auswirkung der *Random Points* und Berechnung adäquater Parameter

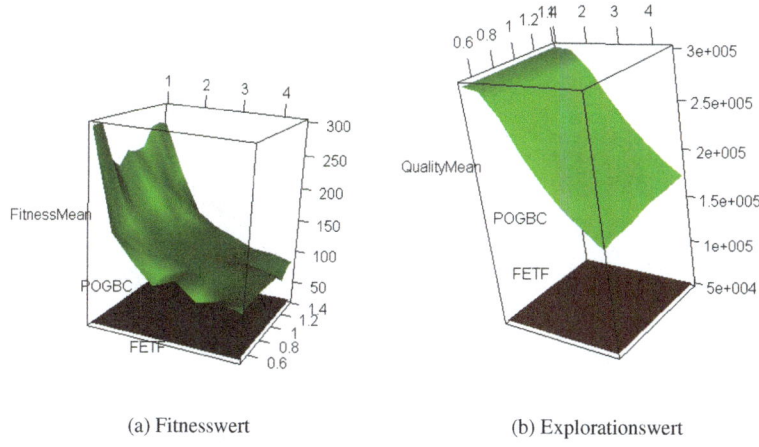

(a) Fitnesswert (b) Explorationswert

Abbildung 10.11: Ergebnis für Funktion 1

mehr wurde exploriert). Dabei fällt auf, dass die Explorationsrate, wie angenommen, höher ausfällt (Abbildung 10.11b), das Ergebnis allerdings schlechter (Abbildung 10.11a). Dies ist darauf zurückzuführen, dass bei einer linearen Funktion, die keine lokalen Minima besitzt, die Fokussierung die wichtigste Rolle einnimmt und die normale PSO ihr Optimum an Güte erzielt. In diesem Fall ist Exploration nachteilig.

Abbildung 10.12 zeigt hingegen die Ergebnisse bei der *Generalized Rastrigin*, welche lokale Minima besitzt. Durch die erhöhte Explorationsrate (Abbildung 10.13b) wurde ein besserer Punkt gefunden und somit eine höhere Güte im Ergebnis im Vergleich zur normalen PSO (Abbildung 10.13a) gefunden.

Dasselbe gilt für die *Ackley*-Funktion (siehe Abbildung 10.13). Auch auf dieser sehr hügeligen Funktion erreicht der Ansatz bedingt durch eine höhere Explorationsrate ein besseres Ergebnis.

Im Vergleich aller verschiedenen Parameterpermutationen erreichen wir mit folgenden Einstellungen auf allen Funktionen ein annehmbares Ergebnis und schlagen diese in Tabelle 10.9 aufgeführten Parameter als Standardparametersatz vor. Diese Parameter erzielten auf den drei unterschiedlichen Funktionstypen die beste Explorationsrate und dabei eine adäquate Güte des Ergebnisses. Dieser Para-

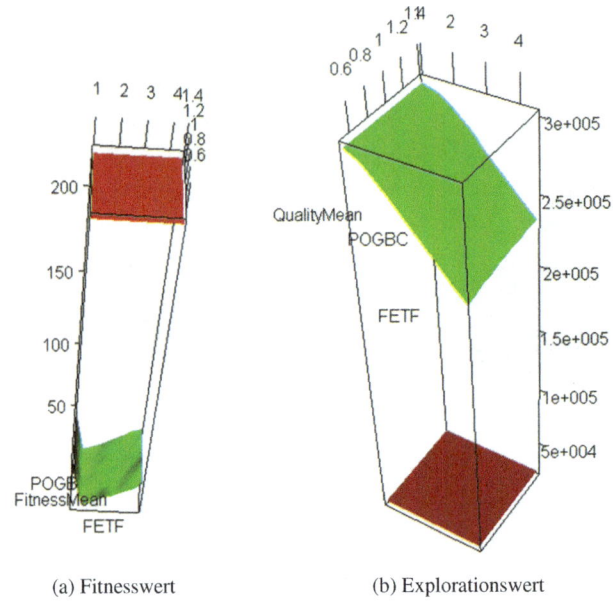

(a) Fitnesswert (b) Explorationswert

Abbildung 10.12: Ergebnis für Funktion 2

POETE	FETF	POGBC
1.3	3.0	0.8

Tabelle 10.9: Standardparameterset für die drei neu eingeführten Parameter.

metersatz bedeutet, dass bei den benutzten Einstellungen mindestens 78 Epochen exploriert wurde, bevor wieder die normale PSO berechnet wurde. Die normale Berechnung wird drei mal so lange ausgeführt (in diesem Fall 234 Epochen lang) und der g_{best}-Wert darf sich nicht weniger als 0.8 Prozent von Epoche zu Epoche verändern, da sonst exploriert wird.

Natürlich sind für jede Funktion, genauso wie bei den Hauptparametern, spezifische Konstellationen besser, aber mit den vorgeschlagenen Parametern wurde auf allen drei verschiedenen Funktionen eine adäquate Güte erreicht.

10.5 Auswirkung der *Random Points* und Berechnung adäquater Parameter 139

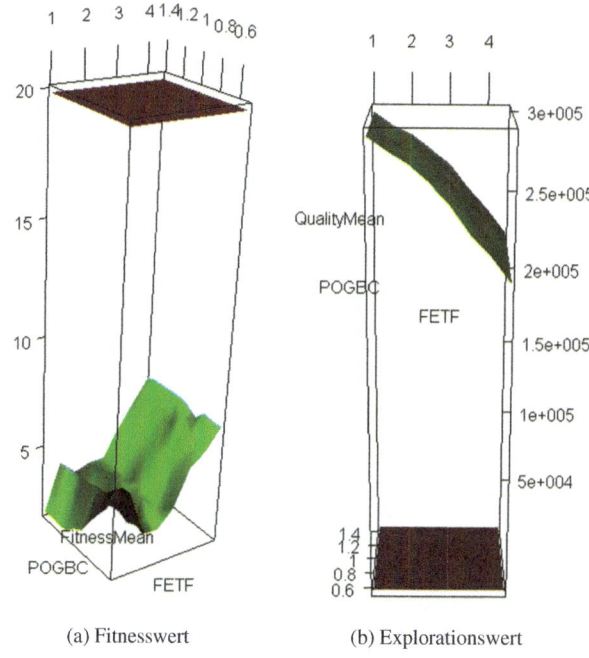

(a) Fitnesswert (b) Explorationswert

Abbildung 10.13: Ergebnis für Funktion 3

Experiment 2 - Anzahl der *Random Points*:

Im zweiten Experiment soll getestet werden, wie sich die Anzahl der *Random Points* auf die Optimierung auswirkt. Dabei werden die neuen Standardparameter genutzt, ebenfalls 100 Durchläufe durchgeführt und der Mittelwert verglichen. Als Anzahl der *Random Points* werden 50, 100, 200, 500 und 1000 gewählt. In Abbildung 10.14 und Abbildung 10.15 sind die Ergebnisse aufgeführt. Sie zeigen, dass im Bereich zwischen 100 und 200 Punkten für Funktion 2 die besten Ergebnisse in der Kombination sowohl für die Fitness als auch für die Explorationsrate liegen. Dabei ist die Güte des Ergebnisses bei 100 Punkten am besten während die Exploration hingegen in Bereich der 500 Punkten liegt. Die beste Explorationsrate liegt bei 1000 Punkten. Letztendlich wiegt allerdings das Ergebnis des Fitnesswertes schwerer als die Explorationsrate, da diese nicht immer positive Eigenschaften hat (Zu viel Exploration lässt auch uninteressante Gebiete weiterhin untersuchen), insbesondere bei stetigen Funktionen ohne viele lokale Minima. Es ist entscheidend, dass der Suchraum nicht mit Punkten überschwemmt wird. Ist dies der Fall, gelangt die PSO nicht zwingend zu entfernten Punkten, da die Bereiche, die ein *Random Point* repräsentiert, zu klein werden.

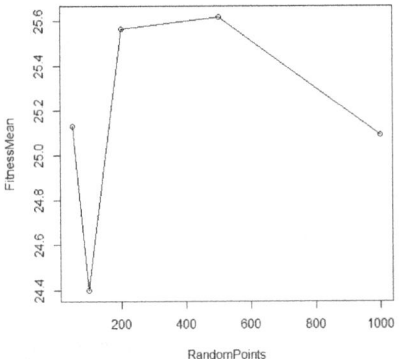

Abbildung 10.14: *Random Point* test auf Funktion 2 - Fitnesswert.

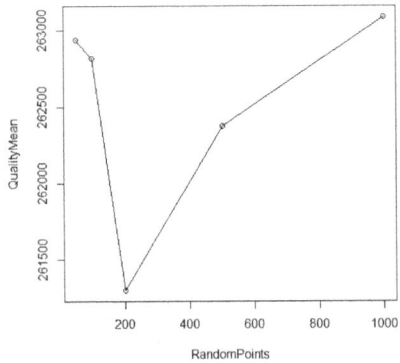

Abbildung 10.15: *Random Point* test auf Funktion 2 - Explorationswert.

Ergebnis

Zusammenfassend ist zu erkennen, dass es durchaus möglich ist, die Optimierung ohne ein Eingreifen in die *update*-Formel zu einer höheren Explorationsrate zu bringen. Dabei ist das Ergebnis gerade auf Funktionen mit vielen lokalen Minima signifikant besser. Auf simplen Funktionen allerdings ist eine Exploration eher negativ belastet, da der Schwarm möglichst genau das einzige Optimum durchsuchen muss. Es ist jedoch möglich gezielt einen Schwarm in eine Richtung zu leiten, welche wie beim Ansatz zuvor durch äußere Einflüsse gesetzt werden kann.

11 Diskussion und Zusammenfassung der Evaluation

In der Evaluation hat sich gezeigt, dass die vorgeschlagenen Erweiterungen der PSO einen positiven Einfluss auf die Optimierung ausüben können. Es konnte gezeigt werden, dass die Ansätze es ermöglichen, dass es möglich ist, den Optimierungsverlauf dynamisch anzupassen und autonom zu steuern. Angefangen über den Austausch und die Integration von Wissen, über die Agenten-Schnittstelle bis zur automatischen Anpassung der Parametersätze sowie das Steuern der Exploration haben die Ergebnisse gezeigt, dass es möglich ist, eine PSO automatisiert auf das unterliegende Problem zu optimieren. Diese Ansätze wurden jeweils für sich alleine getestet und nicht in Kombination. Jeder dieser Ansätze betrifft allerdings eine andere Komponente aus der PSO-Grundstruktur (siehe Abbildung 4.2) und behindert dadurch nicht die Erweiterung einer anderen Komponente. Es wurde darauf geachtet, dass auch die Ergebnisse der Erweiterungen keinen direkten Einfluss auf die Erweiterungsmechanik der anderen Ansätze haben, was es möglich macht, die besten Ansätze zu kombinieren.

In der *Initialisierung* hat sich der mathematische Ansatz als bessere Möglichkeit herausgestellt, optimale Startparameter zu finden. Dieser Ansatz zeigte, dass es möglich ist, bessere Parametersätze als der Standard-Parametersatz zu setzen, auf Basis von mathematischen Berechnungen auf der unterliegenden Fitnessfunktion. Mit diesen Startparametern kann dann in der *Epoche* die Optimierung starten. Dabei wird der Optimierungsverlauf analysiert, um neues Wissen über die Optimierung zu generieren, welches dann an andere Agenten verteilt werden kann. Des Weiteren wurde gezeigt, dass die Exploration mit Hilfe von *Random Points* gesteuert werden kann und diese in der *Epoche* automatisiert, die PSO in unexplorierte Gebiete ziehen kann, ohne dabei das Wissen über den aktuellen besten Punkt zu verlieren. Dieser neuen automatisierten PSO gelingt es dabei, ohne Fremdeinwirkungen dynamisch auf Wissen zu reagieren, indem sie dieses in die laufende Optimierung integriert und z.B. einen *Random Point* als Zusatzwissen nutzt, um effizienter eine Lösung zu berechnen. Werden nun diese Ansätze in Kombination in die Grundstruktur der PSO integriert, ergibt sich dadurch eine neue PSO, welche komplett autonom anpassbar auf die Problemfunktion fungiert (siehe Ab-

11 Diskussion und Zusammenfassung der Evaluation

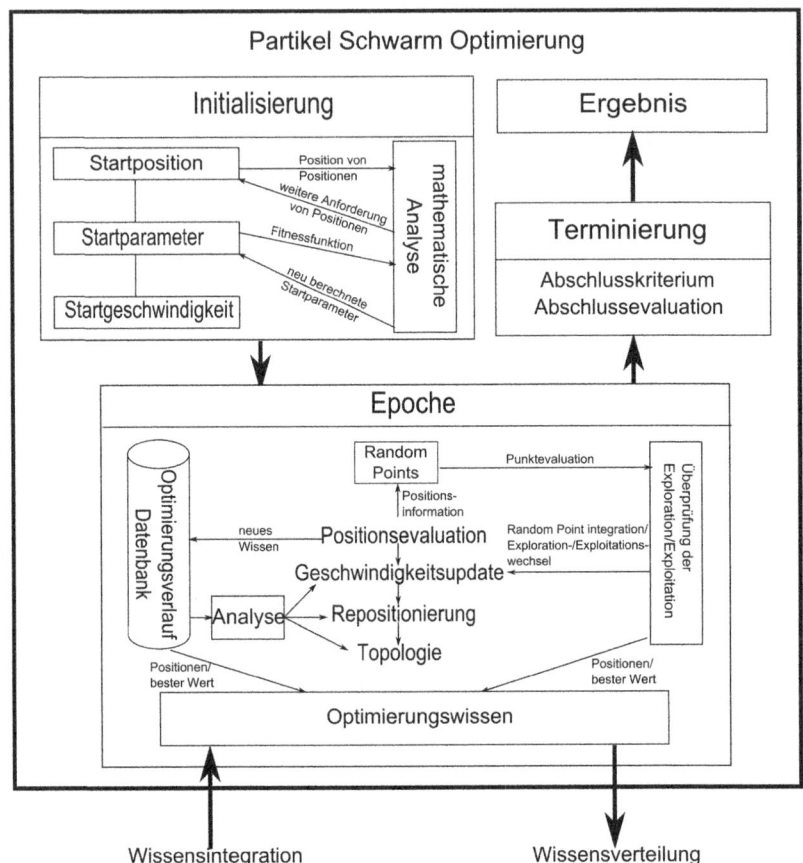

Abbildung 11.1: Erweiterter PSO-Ansatz.

bildung 11.1).

Integriert wird diese PSO in das Verhalten eines Agenten (siehe Abbildung 11.2). Dabei ist die Integration und die Verteilung von Wissen abhängig von den Sensoren und Aktuatoren des Agenten. Durch diese nimmt der Agent die Umgebung wahr und kann ihr etwas mitteilen.

Im Verhalten wird die Optimierung ausgeführt und kann, sofern der Agent keinerlei Zusatzwissen integriert, autonom die Optimierung an das Problem anpassen. Durch die vorgestellte Agenten-Struktur ist es außerdem möglich, mehrere Verhal-

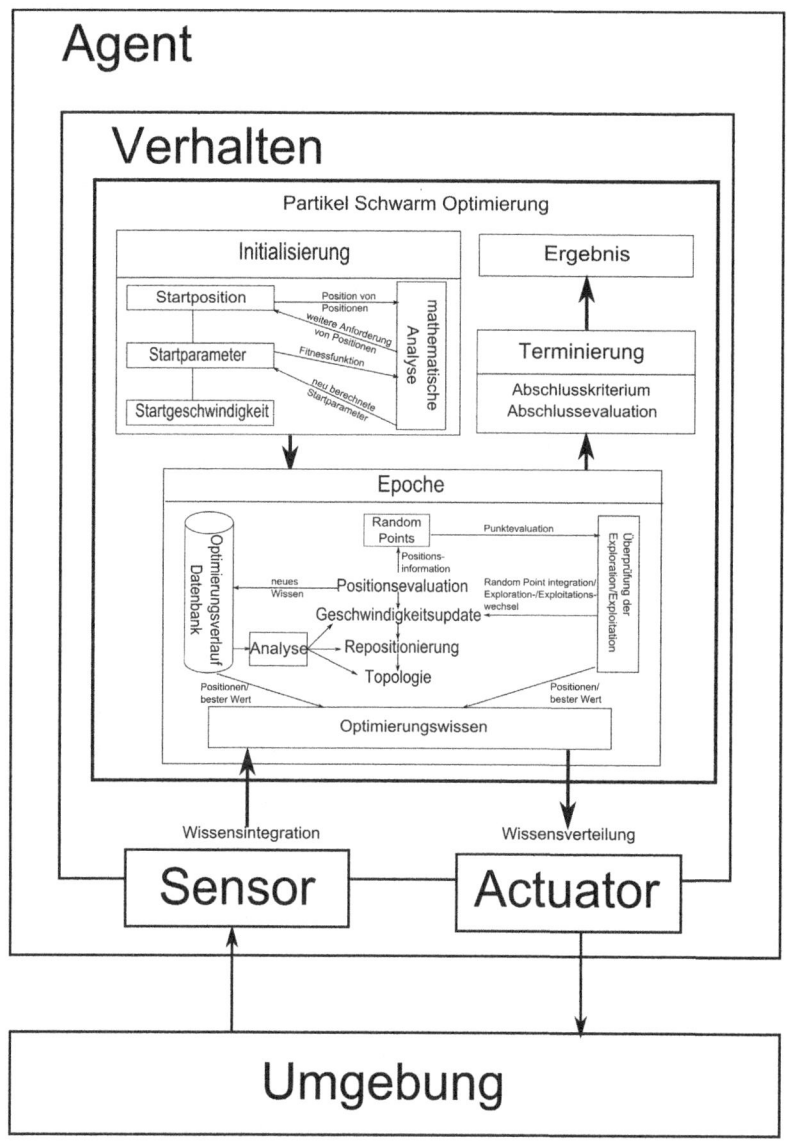

Abbildung 11.2: Erweiterter PSO-Ansatz mit Agent.

ten und somit mehrerer Metaheuristiken von einem Agenten ausführen zu lassen. Der Vorteil dabei ist, dass sich der Austausch von Wissen nur auf die Positionen im Suchraum beschränken kann. Damit ist sie universell und für jede andere Populations-basierte Metaheuristik verständlich und kann dadurch universell genutzt werden. Eine eher fokussierende Metaheuristik kann folglich das detaillierte Wissen über einen Bereich der Fitnesslandschaft anhand eines Punktes der PSO mitteilen, welche diesen dann integriert und als „uninteressanten" *Random Point* in die aktuelle Optimierung integriert. Dadurch würde der Schwarm diesen Bereich nicht explorieren. Das Gleiche gilt natürlich auch im umgekehrten Sinne.

Zusammenfassend ist zu sehen, dass die vorgestellten neue Ansätze zur automatisierten Steuerung und Anpassung einer Optimierung zumeist erfolgreich waren. Sie stellen somit erfolgversprechende Möglichkeiten zur Agenten-gesteuerten Optimierung dar, ohne dabei die natürliche Art der Optimierung des Partikel-Schwarms zu verändern.

Teil V

Fazit

12 Zusammenfassung

In dieser Arbeit wurden Ansätze zur Verbesserung von Partikel Schwarm Optimierung vorgestellt. Um einen Einstieg zu bekommen, wurden Metaheuristiken über ihre Herkunft hin zu aktuellen Nutzungsmöglichkeiten vorgestellt. Der aktuelle Stand der Forschung in diesem Bereich wurde mit dem Fokus auf naturanalogen Algorithmen und im Speziellen der Partikel Schwarm Optimierung aufgearbeitet. Dabei wurden die verschiedenen Erweiterungen der PSO und die hybriden Ansätze betrachtet. Unter den hybriden Ansätzen wurde dann auch über die Agententechnologie und deren Anbindung an Metaheuristiken diskutiert und dabei gezeigt, welche Möglichkeiten aus dieser Kombination zuvor entwickelt worden sind.

Aufbauend auf diesen Ansätzen wurden neue Möglichkeiten der PSO vorgestellt, bei der der Fokus auf einer Eingliederung in einen Agenten lag. Dabei wurden die Möglichkeiten der autonomen Steuerung und Optimierung von PSO diskutiert, die es ermöglichen während der Laufzeit die Optimierung dem Verlauf nach dynamisch vom Agenten verändern zu lassen. Um dies zu erreichen, wurde ein Agenten-*Framework* entwickelt [BLLT10], das es erlaubt, verschiedene Verhalten einem Agenten zuzuweisen und Metaheuristiken flexibel zu berechnen und zu nutzen. Des Weiteren kann der Agent durch dieses *Framework* Wissen in Form von Optimierungsverläufen und Positionen aus der aktuellen Optimierung herausziehen und ebenfalls zur Anpassung des Optimierungsverlaufs nutzen. Durch die kommunikativen Fähigkeiten des Agenten, kann dieses verteilt und anderen Agenten in einem Multi-Agenten-System zur Verfügung gestellt werden. Die Evaluationen aller folgenden Ansätze sowie die statistischen Auswertungen wurden durch dieses *Framework* ermöglicht.

Als folgender Ansatz wurde der Austausch von Wissen auf Agenten-Basis entwickelt. Dabei wurden Ideen, die auf dem *Niching* [BEF02] basieren, aufgegriffen. In dem entwickelten APPSO-System [LBTD09] wurden Partikel zwischen Agenten, die auf der selben Fitnessfunktion optimieren, ausgetauscht, um dadurch einen zusammenhängenden Schwarm zu simulieren und ein besseres Ergebnis zu erreichen. Das Ergebnis zeigte, dass sich ein Vorteil ergibt, wenn Wissen in eine Optimierung integriert wird. Das Laufzeitverhalten ist gerade bei rechenintensiven Fitnessfunktionen besser als wenn eine Optimierung zentral auf einen Rechner berechnet wird.

Aufbauend auf dem Austausch von Wissen wurde dann die Möglichkeit der Parameteranpassung einmal dynamisch zur Laufzeit und einmal vor dem Start der Optimierung vorgestellt. Dabei wurde eine autonome Anpassung anhand der Eigenschaften des aktuellen Optimierungsverhaltens betrachtet. Durch berechnete Eigenschaften wurde ein Entscheidungsbaum trainiert [Bog09], um durch ihn dynamisch, während der Optimierung, die besten Parameter zu klassifizieren. Das Ergebnis zeigte, dass die Eigenschaften nicht den gewünschten Erfolg brachten, sofern die *inertia-weight*-Parameter gesetzt werden. Bei der *constriction*-Formel, welche nur einen Parameter besitzt, ergab sich keine Verschlechterung, allerdings auch keine Verbesserung. Es zeigte allerdings das Potential dieses Ansatzes und somit eine Alternative zur Standard-PSO.

Erfolgreicher als die Klassifikation von Schwarmzuständen ist die mathematische Analyse der Fitnesslandschaft [BPLT10]. Dabei wurde die Grundidee von Leyton-Brown und Nudelman [LBNS02] aufgegriffen, Funktionseigenschaften zu berechnen. Es wurde gezeigt, dass analytische Tests auf der Fitnessfunktion und ein künstlich angelegter Schwarm, genaue Funktionseigenschaften extrahieren, welche gekoppelt an Parameter durch einen Entscheidungsbaum klassifiziert werden können. Es zeigte sich ein signifikanter Erfolg dieser Methode auf den verschiedenen untersuchten Funktionstypen.

Als zusätzlicher Ansatz wurde gezeigt, dass es möglich ist, in die aktuelle Optimierung einzugreifen und den Schwarm in bestimmte Regionen zu lenken [BET12]. Ausgehend von der Idee zur Steuerung der Exploration von Liu et al und Brits et al[LMB09, BEF02], wurde dabei zwischen zwei Möglichkeiten unterschieden. Zum einen wurde die *update*-Regel um einen zusätzlichen Faktor erweitert, der es ermöglicht den Schwarm in eine Richtung zu ziehen. Damit dies funktioniert wurde ein Potentialfeld entwickelt, das aktive Fokussierungspunkte über die Zeit uninteressant werden lässt, damit der Schwarm dadurch wieder Geschwindigkeit aufnimmt. Die zweite Möglichkeit ist die Verteilung von *Random Points*. Diese zusätzlich generierten Punkte werden angesteuert, wenn der Schwarm zu stark fokussiert oder zu lange nicht mehr exploriert hat. Durch eine Beobachtungskomponente ist es möglich den Schwarm zu einer höheren Explorationsrate zu bringen, indem, abhängig von einem Regelsystem, *Random Points* den aktuellen g_{best}-Wert temporär ersetzen.

Als Resultat dieser Arbeit ist zusätzlich neben der technisch-prototypischen

Umsetzung der erweiterten PSO die Erkenntnis zu nennen, dass es möglich ist eine Metaheuristik autonom von einem Agenten steuern zu lassen. Dabei profitiert die Optimierung von den kommunikativen Fähigkeiten des Agenten, indem sie neues Wissen über die Optimierung generiert und Wissen anderer Optimierungen integrieren kann. Die Evaluation zeigt, dass signifikante Verbesserungen des Optimierungsverlaufes durch diese Integration erreicht werden können. Es ist folglich möglich, gerade komplexe Fitnessfunktionen parallel durch mehrere Agenten berechnen zu lassen und dabei ein Ergebnis zu erzielen, welches signifikant besser ist als durch eine alleinige Optimierung, ohne dabei eine höhere Laufzeit aufzuweisen.

13 Ausblick

Als einziger PSO-Abschnitt aus Abbildung 11.1 wurde in dieser Arbeit die *Terminierung* nicht betrachtet. Auch dieser Abschnitt bietet die Möglichkeit neue Techniken zur Verbesserung zu integrieren. Die Terminierung ist dazu da, die Optimierung zu stoppen, wenn das Ergebnis nur noch minimal verändert wird oder das globale Optimum gefunden wurde. Im kontinuierlichen Suchraum ist es allerdings schwierig, die gefundene Position als globales Optimum zu bezeichnen, da der Suchraum nicht bekannt ist und somit die Möglichkeit besteht, dass noch ein besseres Ergebnis vorhanden ist. Des Weiteren sind Veränderungen im Mikrobereich oft überflüssig und das Ergebnis wird nicht sichtlich verbessert. Eine Brücke zwischen weiterem Optimierungaufwand und Beendigung der Optimierung zu finden, ist nicht trivial. In dieser Arbeit wird der am meisten verwendete Standardansatz der Terminierung genutzt: Das Beenden der Optimierung nach einer bestimmten Anzahl von Evaluationen. Dieser Ansatz hat den Vorteil, dass der Berechnungsaufwand genau vorhergesagt werden kann. Allerdings ist die Terminierung häufig zu spät gewählt. Es kann z.B. die finale Position ziemlich früh gefunden werden und der g_{best} verändert sich bis zum Ende nicht mehr. Ist dies der Fall, könnte die Optimierung auch schon früher terminieren. Ein Ansatz, dieses Problem anzugehen wäre es Funktionseigenschaften, ähnlich denen aus Kapitel 6, zu finden, die auf das Konvergenzvehalten des Schwarms abzielen. Als Ergebnis könnte dann ein Optimierungsstopp oder weitere Optimierungsdurchläufe sein, welches somit dynamisch anhand der Optimierungsresultate jeder Epoche terminiert. Dieses Verhalten könnte allerdings in Konflikt mit den *Random Points* stehen, da diese bewirken, dass die Optimierung immer wieder exploriert und somit andere Eigenschaften hat, als die normale PSO. Auf dieses Phänomen müsste der Terminierungsansatz getestet werden.

Ein weitere Punkt wäre es, die vorgeschlagenen und evaluierten Optimierungserweiterungen im Gesamtpaket zu evaluieren, um sicher zu gehen, dass keinerlei Nebeneffekte auftreten. Dies ist allerdings nur zu Bestätigungszwecken notwendig, da die verschiedenen Erweiterungen unabhängig voneinander berechnet werden und keinerlei störende Einflüsse aufeinander haben. Dies ist auch in Abbildung 11.1 zu erkennen. Allerdings wäre eine Gesamtevaluation dennoch notwendig, um den empirischen Beweis zu besitzen. Des Weiteren wäre es interessant, den Gesamtprototyp in einer logistisch komplexen Domäne (wie z.B. der in der Einleitung vorgestellte Hamburger Hafen) zu evaluieren und einzusetzen.

Eine weitere Möglichkeit der Evaluation wäre es, ein Multi-Agenten-System aufzusetzen, wobei ein Terminal einen Agenten repräsentiert, der dynamisch zu- oder abgeschaltet werden kann und sich dynamisch an der Optimierung und Lösung von Problemen anschließt. Dabei kann durch jedes Terminal ein neues Optimierungsproblem definiert werden und der Agent mit der Metaheuristik definiert werden. Die Agenten kommunizieren untereinander über den aktuellen Optimierungsverlauf und tauschen das neue Wissen untereinander aus. Dabei gilt es zu beobachten, ob der erwünschte Mehrwert und die erwünschte Effizienz erreicht werden und in welchem Verhältnis der Kommunikationsaufwand die Berechnungszeit beeinflusst.

Sachverzeichnis

g_{best}, 40
p_{best}, 40

ACO, 5
ACS, 36
adaptive Agenten, 15
Agent, 54
Agenten, 13
Agenten-Zyklus, 16
Agentenstruktur, 68
Algorithmuskonfigurationsproblem, 86
ANPSO, 47
APPSO, 74, 120
APSO, 44
autonom, 15
Autonomie, 19, 20

BBPSO, 44
BDI, 16, 17
Behaviour, 113
believe, 17
Biomimicry, 11, 35
BPSO, 44

Computerberechnungen, 5
constriction-update, 41

Data Mining, 53
desire, 17
DHL, 4
direkte Kommunikation, 37

DNPSO, 44

EA, 33
Effizienssteigerung, 6
Effizienz (Definition), 6
Emergenz, 13, 18, 19, 21
Entscheidungsbaum, 126, 130
Epoche, 65, 73, 79, 80
exploitation, 102
Exploration, 36, 102
Explorationsproblem, 27

FETF, 107
FIFO-Queue, 48
Framework, 67
Funktionsanalyse, 79
Funktionseigenschaften, 86, 125

GA, 5, 33, 52

HPSO, 44

Incremental Probing, 88, 93
Incremental Swarming, 88, 95
indirekte Kommunikation, 37
Inertia weight, 119
inertia weight, 41
Initialisierung, 65, 79
Intelligenz, 12
intention, 17
Island Modell, 49

Künstliche Intelligenz, 12

Klassifikationsmerkmale, 87
kognitive Agenten, 15
kombinatorische Optimierung, 25
Konkurenz, 23
Kooperation, 22
Koordination, 22
Koordinations-Agent, 75

levels of autonomy, 20
Load-Balancing, 76
load-balancing, 76

MAS, 17, 21
Metaheuristikcontainer, 69
Moores Gesetz, 5
MOPSO, 50

naturanaloge Metaheuristiken, 11
NichePSO, 47
Niching, 45, 76

Observer, 69, 115
Operation Research, 30
OR, 11
Organic Computing, 21

Parallele Optimierung, 73
Parameterset, 83
perceive-next-do, 16
POETE, 106
POGBC, 107
Points of Interests, 110
Potentialfeld, 100
proaktive Agenten, 15
Proaktivität, 19
PSO, 39

Random Point, 104–106, 134, 139, 146
Random Probing, 88, 89, 91
reaktive Agenten, 15
robuste Agenten, 15

SA, 5
SAPSO, 103
Schwarm-Agent, 74
Selbstorganisation, 18
Simulated Annealing, 31
Softwareagenten, 14
SOPSO, 55
soziale Agenten, 15
Stigmergy, 35
Strategiecontainer, 68
Supply-Chain, 24, 29

Tabu Search, 31, 54
Tabu-Search, 5
Terminierung, 65
Tierschwärme, 36
Topologie, 42
Tourenplanung, 4
Trainingsmenge, 125
tree-Topologie, 43

Umgebung, 15
UML, 113
update-Formel, 41, 99, 132, 141

VKI, 17

wheel-Topologie, 43
Wissensaustausch, 78

Literaturverzeichnis

[ACVB06] ADRIAEN, MIEKE, NELE CUSTERS, GREET V und EN BERGHE: *An Agent Based Metaheuristic for the Travelling Tournament Problem*, 2006.

[ASN02] ABBASS, HUSSEIN A., RUHUL A. SARKER und CHARLES S. NEWTON: *Data Mining: A Heuristic Approach*. Idea Group, Hershey, 2002.

[AT99] ALBA, ENRIQUE und JOSÉ TROYA: *An Analysis of Synchronous and Asynchronous Parallel Distributed Genetic Algorithms with Structured and Panmictic Islands*. In: ROLIM, JOSÉ, FRANK MUELLER, ALBERT ZOMAYA, FIKRET ERCAL, STEPHAN OLARIU, BINOY RAVINDRAN, JAN GUSTAFSSON, HIROAKI TAKADA, RON OLSSON, LAXMIKANT KALE, PETE BECKMAN, MATTHEW HAINES, HOSSAM ELGINDY, DENIS CAROMEL, SERGE CHAUMETTE, GEOFFREY FOX, YI PAN, KEQIN LI, TAO YANG, G. CHIOLA, G. CONTE, L. MANCINI, DOMENIQUE MÉRY, BEVERLY SANDERS, DEVESH BHATT und VIKTOR PRASANNA (Herausgeber): *Parallel and Distributed Processing - Parallel and distributed processing*, Band 1586, Seiten 248–256. Springer Berlin / Heidelberg and Springer, Berlin [etc.], 1999.

[AWZ10] AYDIN, MEHMET E., JOYCE WU und LIANG ZHANG: *Swarms of Metaheuristic Agents: A Model for Collective intelligence*. In: XHAFA, FATOS (Herausgeber): *Proceedings of the 2010 International Conference on P2P, Parallel, Grid, Cloud and Internet Computing // 3PGCIC 2010*, Seiten 296–301, Washington and DC and USA, 2010. IEEE Computer Society.

[Axe97] AXELROD, R.: *The Complexity of Cooperation. Agent-based Models of Competition and Collaboration*. Princeton University Press, Princeton and N.J, 1997.

[BARB06] BYUNG-IL KOH, ALAN D. GEORGE, RAPHAEL T. HAFTKA und BENJAMIN J. FREGLY: *Parallel Asynchronous Particle Swarm Optimization*. In: *International Journal For Numerical Methods*, Seiten 578–595. 2006.

[BCT+11] BEKRAR, ABDELGHANI, SONDES CHAABANE, DAMIEN TRENESAUX, AUGUSTO BORNSCHLEGELL, JULIEN PELLE und SOUAD HARMAND: *Hybrid PSO-tabu Search for Constrained Non-linear Optimization Problems*. In: EISTI (Herausgeber): *ICSI 2011 International conference on swarm intelligence*. Cergy and France, 2011.

[BDT99] BONABEAU, ERIC, MARCO DORIGO und GUY THERAULAZ: *Swarm Intelligence: From Natural to Artificial Systems*. Oxford University Press, New York, 1999.

[BEF02] BRITS, R., A. P. ENGELBRECHT und F. VAN DEN BERGH: *A niching Particle Swarm Optimizer*. In: LIPO, WANG (Herausgeber): *Conference on Simulated Evolution And Learning SEAL 2002*, Seiten 692–696, 2002.

[Ben02] BENYUS, JANINE M.: *Biomimicry: Innovation Inspired by Nature*. Perennial, New York, 2002.

[BET12] BOGON, TJORBEN, MEIKE ENDRES und INGO J. TIMM: *Gaining a Better Quality Depending on More Exploration in PSO*. In: TIMM, INGO J. und CHRISTIAN GUTTMANN (Herausgeber): *Multiagent Systems Technologies*, LNAI 7598, Seiten 30–39, Heidelberg, 2012. Springer.

[BFM97] BÄCK, THOMAS, DAVID B. FOGEL und ZBIGNIEW MICHALEWICS: *Handbook of Evolutionary Computation*. Oxford University Press, Philadelphia, 1997.

[Bin86] BINDER, K.: *Monte Carlo Methods in Statistical Physics*. Springer-Verlag, Berlin and and New York, 2 Auflage, 1986.

[BK07] BRATTON, DANIEL und JAMES KENNEDY: *Defining a Standard for Particle Swarm Optimization*. In: SHI, YUHUI und MARCO DORIGO (Herausgeber): *IEEE Swarm Intelligence Symposium, 2007*, Seiten 120–127, Piscataway and NJ, 2007. IEEE Service Center.

[BL06]	BIRD, STEFAN und XIAODONG LI: *Adaptively Choosing Niching Parameters in a PSO*. In: *Genetic and Evolutionary Computation Conference*, Seiten 3–10, New York, op. 2006. Association for Computing Machinery.
[BLLT10]	BOGON, TJORBEN, ANDREAS D. LATTNER, YANN LORION und INGO J. TIMM: *An Agent-based Approach for Dynamic Combination and Adaptation of Metaheuristics*. In: SCHUMANN, MATTHIAS, LUTZ M. KOLBE, MICHAEL H. BREITNER und ARNE FRERICHS (Herausgeber): *Multikonferenz Wirtschaftsinformatik 2010*, Seiten 2345–2357. Univ.-Verl. Göttingen and Niedersächsische Staats-und Universitätsbibliothek., Göttingen and Göttingen, Göttingen, 23. - 25. Februar 2010.
[Bog09]	BOGON, TJORBEN: *Learning of Adaption Strategies in Particle Swarm Optimization*, July 5 - 8, 2009.
[BPLI11]	BOGON, TJORBEN, GEORGIOS POURSANIDIS, ANDREAS D. LATTNER und INGO J. TIMM: *Extraction of Function Features for an Automatic Configuration of Particle Swarm Optimization*. In: FILIPE, JOAQUIM und ANA FRED (Herausgeber): *Proceedings of the 3rd International Conference on Agents and Artificial Intelligence*, Seiten 51–60. SciTePress, 2011.
[BPLT10]	BOGON, TJORBEN, GEORGIOS POURSANIDIS, ANDREAS D. LATTNER und INGO J. TIMM: *Automatic Parameter Configuration of Particle Swarm Optimization by Classification of Function Features*. In: DORIGO, MARCO (Herausgeber): *Swarm intelligence*, Band 6234 der Reihe *Lecture notes in computer science*, Seiten 554–555. Springer, New York, 2010.
[BPSV01]	BIRRATTARI, MAURO, L. PAQUETE, T. STÜTZLE und K. VARRENTRAPP: *Classification of Metaheuristics and Design of Experiments for the Analysis of Components*, Band 0. Techn. Univ., FB 20, FG Intellektik, Darmstadt, 2001.
[BR03]	BLUM, CHRISTIAN und ANDREA ROLI: *Metaheuristics in Combinatorial Optimization: Overview and Conceptual Comparison*. ACM Comput. Surv, 35(3):268–308, 2003.
[Bra87]	BRATMAN, MICHAEL: *Intention, Plans, and Practical Reason*. Harvard University Press, Cambridge and Mass, 1987.

[CCC92] CASTELFRANCHI, CRISTIANO, ROSARIA CONTE und AMEDEO CESTA: *The Organization as a Structure of Negotiated and Non Negotiated Binds.* In: VEER, G. C. VAN DE, M. J. TAUBER, S. BAGNARA und M. ANTALOVITS (Herausgeber): *Human Computer Interaction: Tasks and Organization*, 1992.

[CK02] CLERC, M. und J. KENNEDY: *The Particle Swarm - Explosion, Stability, and Convergence in a Multidimensional Complex Space.* Evolutionary Computation, IEEE Transactions on, 6(1):58–73, 2002.

[CKM02] CASTRO, JAELSON, MANUEL KOLP und JOHN MYLOPOULOS: *Towards Requirements-driven Information Systems Engineering: the Tropos Project.* Inf. Syst, 27(6):365–389, 2002.

[CP06] CHU, SHU-CHUAN und JENG-SHYANG PAN: *Intelligent Parallel Particle Swarm Optimization Algorithms.* In: NEDJAH, NADIA, LUIZA MOURELLE und ENRIQUE ALBA (Herausgeber): *Parallel Evolutionary Computations*, Band 22 der Reihe *Studies in Computational Intelligence*, Seiten 159–175. Springer Berlin / Heidelberg, 2006.

[CPKK93] CANTU-PAZ, ERICK, CHANDRIKA KAMATH und RIKA KAMATH: *On the Use of Evolutionary Algorithms in Data Mining.* In: *Proc. 2nd International Conf. on Simulation of Adaptive Behavior*, Seiten 384–392. MIT Press, 1993.

[CT07] CHAN, FELIX T. S. und MANOJ KUMAR TIWARI: *A CMPSO Algorithm Based Approach to Solve the Multi-plant Supply Chain Problem.* In: CHAN, FELIX T. S. und MANOJ KUMAR TIWARI (Herausgeber): *Swarm intelligence: Focus on Ant and Particle Swarm Optimization.* I-Tech Education and Publishing, Vienna, 2007.

[DBLT10] DALLMEYER, JÖRG, TJORBEN BOGON, YANN LORION und INGO J. TIMM: *Migration Simulation on Potential Field Based Landscapes.* In: PERRONE, L. FELIPPE und GIOVANNI STEA (Herausgeber): *Proceedings of the 3rd International ICST Conference on Simulation Tools and Techniques*, SIMUTools '10, Seiten 73:1–73:8, ICST and Brussels and Belgium and Belgium, 2010. ICST (Institute for Computer Sciences, Social-Informatics and Telecommunications Engineering).

[DFJN97]	DORAN, J. E., S. FRANKLIN, N. R. JENNINGS und T. J. NORMAN: *On Cooperation in Multi-Agent Systems*. The Knowledge Engineering Review, 12(3):309–314, 1997.
[DMC96]	DORIGO, MARCO, VITTORIO MANIEZZO und ALBERTO COLORNI: *The Ant System: Optimization by a colony of cooperating agents*. IEEE TRANSACTIONS ON SYSTEMS, MAN, AND CYBERNETICS-PART B, 26(1):29–41, 1996.
[DMSGK05]	DI MARZO SERUGENDO, GIOVANNA, MARIE-PIERRE GLEIZES und ANTHONY KARAGEORGOS: *Self-organization in Multi-agent Systems*. Knowl. Eng. Rev, 20(2):165–189, 2005.
[DPJ10]	DEARY, IAN J., LARS PENKE und WENDY JOHNSON: *The Neuroscience of Human Intelligence Differences*. Nature Reviews Neuroscience, (11), 2010.
[DS04]	DORIGO, MARCO und THOMAS STÜTZLE: *Ant Colony Optimization*. MIT Press, Cambridge and Mass, 2004.
[Eng07]	ENGELBRECHT, ANDRIES P.: *Fundamentals of Computational Swarm Intelligence*. Wiley, Chichester, Reprinted. Auflage, 2007.
[ES98]	EIBEN, A. E. und C. A. SCHIPPERS: *On Evolutionary Exploration and Exploitation*. Fundam. Inf, 35(1-4):35–50, 1998.
[ES00]	EBERHART, R. C. und Y. SHI: *Comparing Inertia Weights and Constriction Factors in Particle Swarm Optimization*. Proceedings of the 2000 Congress on Evolutionary Computation, 2000.
[ES07]	EBERHART, RUSSELL C. und YUHUI SHI: *Computational Intelligence: Concepts to Implementations*. Kaufmann/Elsevier, Amsterdam, 2007.
[Fer98]	FERBER, JACQUES: *Multi-agent Systems: An Introduction to Distributed Artificial Intelligence*. Addison-Wesley, Harlow, 1998.
[Fra68]	FRASER, A. S.: *The Evolution of Purposive Behavior*. In: FOERSTER, HEINZ VON (Herausgeber): *Purposive systems*, Seiten 15–23. Spartan Books, New York, 1968.

[GADP89]	GOSS, S., S. ARON, J. DENEUBOURG und J. PASTEELS: *Self-organized Shortcuts in the Argentine Ant*. Naturwissenschaften, 76(12):579–581, 1989.
[GJ05]	GERHARD VENTER und JAROSLAW SOBIESZCZANSKI-SOBIESKI: *A Parallel Particle Swarm Optimization Algorithm Accelerated by Asynchronous Evaluations*. Journal Of Aerospace Computing, Iinformation, And Communication, 2005.
[GJT08]	GAUTRAIS, J., C. JOST und G. THERAULAZ: *Key Behavioural Factors in a Self-organised Fish School Model*. ANNALES ZOOLOGICI FENNICI, 45(5):415–428, 2008.
[GKK04]	GERDES, INGRID, FRANK KLAWONN und RUDOLF KRUSE: *Evolutionäre Algorithmen: Genetische Algorithmen - Strategien und Optimierungsverfahren - Beispielanwendungen ; [mit Online-Service zum Buch]*. Vieweg, Wiesbaden, 1 Auflage, 2004.
[GL97]	GLOVER, FRED und MANUEL LAGUNA: *Tabu Search*. Kluwer Academic Publishers, Boston, 1997.
[Gla02]	GLASER, NORBERT: *Conceptual Modelling of Multi-agent Systems: The CoMoMAS Engineering Environment*. Kluwer Academic Publishers, Boston and Mass, 2002.
[Glo89]	GLOVER, F.: *Tabu Search-part I*. ORSA Journal on Computing, 1(3):190–206, 1989.
[Glo90]	GLOVER, FRED: *Tabu Search - Part II*. INFORMS Journal on Computing, 2(1):4–32, 1990.
[Got97]	GOTTFREDSON, LINDA S.: *Mainstream Science on Intelligence: An editorial with 52 signatories, history, and bibliography*. Intelligence, 24(1):13–23, 1997.
[Gra59]	GRASSÉ, PIERRE-P: *La Reconstruction du nid et les coordinations interindividuelles chezBellicositermes natalensis etCubitermes sp. la théorie de la stigmergie: Essai d'interprétation du comportement des termites constructeurs*. Insectes Sociaux, 6(1):41–80, 1959.

Literaturverzeichnis

[Ham10] HAMBURGER HAFEN UND LOGISTIK AG: *Geschäftsbericht 2010*, 2010.

[HBK93] HENTZE, JOACHIM, PETER BROSE und ANDREAS KAMMEL: *Unternehmungsplanung: Eine Einführung*. Haupt, Bern [u.a.], 2 Auflage, 1993.

[HE02] HU, XIAOHUI und R. EBERHART: *Multiobjective Optimization using Dynamic Neighborhood Particle Swarm Optimization*. In: *Proceedings of the 2002 Congress on Evolutionary Computation, CEC '02*, Seiten 1677–1681, Piscataway and NJ, 2002. IEEE Service Center.

[HF05] HOLDEN, N. und A.A FREITAS: *A Hybrid Particle Swarm/Ant Colony Algorithm for the Classification of Hierarchical Biological Data*. In: DORIGO, MARCO und RUSS EBERHART (Herausgeber): *Proceedings of the 2005 IEEE Swarm Intelligence Symposium*, Seiten 100–107, Piscataway and N.J, 2005. Institute of Electrical and Electronics Engineers.

[HF06] HOLDEN, NICHOLAS und ALEX A. FREITAS: *Hierarchical Classification of GProtein- Coupled Receptors with a PSO/ACO Algorithm*. In: *IEEE Swarm Intelligence Symposium 2006*, Seiten 77–84. 2006.

[HF07] HOLDEN, NICHOLAS PAUL und ALEX A. FREITAS: *A hybrid PSO/ACO algorithm for classification*. In: THIERENS, DIRK (Herausgeber): *Proceedings of the 2007 GECCO conference companion on Genetic and evolutionary computation*, Seiten 2745–2750, New York and NY and USA, 2007. ACM and Association for Computing Machinery.

[HHS07] HUTTER, FRANK, HOLGER H. HOOS und THOMAS STÜTZLE: *Automatic Algorithm Configuration Based on Local Search*. In: HOLTE, ROBERT C. und ADELE HOWE (Herausgeber): *Proceedings of the Twenty-Second AAAI Conference on Artificial Intelligence*, Seiten 1152–1157. AAAI Press, 2007.

[HK00] HERTZ, ALAIN und DANIEL KOBLER: *A Framework for the Description of Evolutionary Algorithms*. European Journal of Operational Research, 126(1):1–12, 2000.

[HK06] HAN, JIAWEI und MICHELINE KAMBER: *Data Mining: Concepts and Techniques*. Elsevier and Morgan Kaufmann, Amsterdam and and Boston and San Francisco and CA, 2 Auflage, 2006.

[IGCGV98] IGLESIAS, CARLOS ARGEL, MERCEDES GARIJO, JOSÉ CENTENO-GONZÁLEZ und JUAN R. VELASCO: *Analysis and Design of Multiagent Systems Using MAS-Common KADS*. In: SINGH, MUNINDAR P., ANAND RAO und MICHAEL J. WOOLDRIDGE (Herausgeber): *Intelligent agents IV*, Seiten 313–327, New York, 1998. Springer.

[Jen93] JENNINGS, NICK R.: *Commitments and Conventions: The Foundation of Coordination in Multi-agent Systems*. The Knowledge Engineering Review, 8:223–250, 1993.

[JJB+04] J. F. SCHUTTE, J. A. REINBOLT, B. J. FREGLY, R. T. HAFTKA und A. D. GEORGE: *Parallel Global Optimization with Particle Swarm Algorithm*. Journal Of Numerical Methods In Engineering, 61:2296–2315, 2004.

[JM04] JANSON, STEFAN und MARTIN MIDDENDORF: *A Hierarchical Particle Swarm Optimizer for Dynamic Optimization Problems*. In: RAIDL, GÜNTHER, STEFANO CAGNONI, JÜRGEN BRANKE, DAVID CORNE, ROLF DRECHSLER, YAOCHU JIN, COLIN JOHNSON, PENOUSAL MACHADO, ELENA MARCHIORI, FRANZ ROTHLAUF, GEORGE SMITH und GIOVANNI SQUILLERO (Herausgeber): *Applications of Evolutionary Computing*, Band 3005 der Reihe *Lecture notes in computer science*, Seiten 513–524. Springer Berlin / Heidelberg, 2004.

[JSJJ05] JUI-FANG CHANG, SHU-CHUAN CHU, JOHN F. RODDICK und JENG-SHYANG PAN: *A Parallel Particle Swarm Optimization Algorithm with Communication Strategies*. J. Inf. Sci. Eng, 21(4):809–818, 2005.

[JZH06] JIE, JING, JIANCHAO ZENG und CHONGZHAO HAN: *Self-Organization Particle Swarm Optimization Based on Information Feedback*. In: HUTCHISON, DAVID, TAKEO KANADE, JOSEF KITTLER, JON M. KLEINBERG, FRIEDEMANN MATTERN, JOHN C. MITCHELL, MONI NAOR, OSCAR NIERSTRASZ,

C. PANDU RANGAN, BERNHARD STEFFEN, MADHU SUDAN, DEMETRI TERZOPOULOS, DOUGH TYGAR, MOSHE Y. VARDI, GERHARD WEIKUM, LICHENG JIAO, LIPO WANG, XIN-BO GAO, JING LIU und FENG WU (Herausgeber): *Lecture Notes in Computer Science*, Seiten 913–922. Springer Berlin Heidelberg, Berlin and Heidelberg, 2006.

[KE95] KENNEDY, JAMES und RUSSELL C. EBERHART: *Particle Swarm Optimization*. In: *Proceedings of the IEEE International Conference on Neural Networks*, Seiten 1942–1948, 1995.

[KE97] KENNEDY, J. und R. C. EBERHART: *A Discrete Binary Version of the Particle Swarm Algorithm*. Systems, Man, and Cybernetics, 1997. 'Computational Cybernetics and Simulation'., 1997 IEEE International Conference on, 5, 1997.

[Ken03] KENNEDY, JAMES: *Bare Bones Particle Swarms*. In: *Proceedings of the 2003 IEEE Swarm Intelligence Symposium, SIS '03*, Seiten 80–87, Piscataway and NJ, 2003. IEEE Servoce Center.

[KES09] KENNEDY, JAMES, RUSSELL C. EBERHART und YUHUI SHI: *Swarm Intelligence*. The Morgan Kaufmann series in evolutionary computation. Kaufmann, San Francisco, [Nachdr.] Auflage, 2009.

[KGV83] KIRKPATRICK, S., C. D. GELATT und M. P. VECCHI: *Optimization by Simulated Annealing*. Science, 220:671–680, 1983.

[KJ99] KALENKA, S. und N. R. JENNINGS: *Socially Responsible Decision Making by Autonomous Agents*. In: SOSA, ERNEST, KEPA KORTA und XABIER ARRAZOLA (Herausgeber): *Cognition, agency and rationality*, Seiten 135–149, Dordrecht, op. 1999. Kluwer academic publ.

[KM02] KENNEDY, J. und R. MENDES: *Population Structure and Particle Swarm Performance*. In: *Proceedings of the Evolutionary Computation on 2002. CEC '02. Proceedings of the 2002 Congress - Volume 02 // Evolutionary Computation, 2002. CEC '02. Proceedings of the 2002 Congress on*, Seiten 1671–1676, Washington and DC and USA, 2002. IEEE Computer Society.

[KST+06] KREMPELS, K.-H., T. SCHOLZ, INGO J. TIMM, O. SPANIOL und O. HERZOG: *Interaction Design*. In: KIRN, STEFAN (Herausgeber): *Multiagent Engineering*, Seiten 383–404. Springer, Berlin and Heidelberg and New York, 2006.

[Küp95] KÜPPER, HANS-ULRICH: *Controlling: Konzeption, Aufgaben und Instrumente*. Schäffer-Poeschel, Stuttgart, 1995.

[Lad75] LADNER, RICHARD E.: *On the Structure of Polynomial Time Reducibility*. J. ACM, 22(1):155–171, 1975.

[LBNS02] LEYTON-BROWN, KEVIN, EUGENE NUDELMAN und YOAV SHOHAM: *Learning the Empirical Hardness of Optimization Problems: The Case of Combinatorial Auctions*. In: *Principles and Practice of Constraint Programming - CP 2002*, Seiten 91–100, 2002.

[LBTD09] LORION, YANN, TJORBEN BOGON, INGO J. TIMM und OSWALD DROBNIK: *An Agent Based Parallel Particle Swarm Optimization - APPSO*. In: DYER, CHRIS (Herausgeber): *Swarm Intelligence Symposium 09*, Seiten 52–59, Piscataway (NJ) USA, 2009. IEEE.

[LHC12] LI, XIUFEN, HONGJIE KENNEDY FU und CHANGSHENG ZHANG: *A Self-Adaptive Particle Swarm Optimization Algorithm*. Computer Science and Software Engineering, International Conference on, 5:186–189, 2008/12/12.

[Li04] LI, XIAODONG: *Adaptively Choosing Neighbourhood Bests Using Species in a Particle Swarm Optimizer for Multimodal Function Optimization*. In: DEB, KALYANMOY (Herausgeber): *Genetic and evolutionary computation, GECCO 2004*, Band 3103, Seiten 105–116, Berlin [etc.], op. 2004. Springer.

[LL07] LI, HONG-QI und LI LI: *A Novel Hybrid Particle Swarm Optimization Algorithm Combined with Harmony Search for High Dimensional Optimization Problems*. In: *International Conference on Intelligent Pervasive Computing*, Seiten 94–97, Los Alamitos and Calif, 2007. IEEE Computer Society.

[LMB09] LIU, SHIH-HSI, MARJAN MERNIK und BARRETT R. BRYANT: *To Explore or to Exploit: An Entropy-driven Approach for Evo-*

lutionary Algorithms. International Journal of Knowledge-Based and Intelligent Engineering Systems, 13(3):185–206, 2009.

[LNQ07] LAM, HOANG THANH, POPOVA NINA NICOLAEVNA und NGUYEN THOI MINH QUAN: *A Heuristic Particle Swarm Optimization*. In: THIERENS, DIRK (Herausgeber): *2007 Genetic and Evolutionary Computation Conference*, Seiten 174–174, New York and NY, 2007. ACM Press.

[MBS07] MOSTAGHIM, SANAZ, JUERGEN BRANKE und HARTMUT SCHMECK: *Multi-objective Particle Swarm Optimization on Computer Grids*. In: DOUCET, ANNE, STÉPHANE GANÇARSKI und ESTHER PACITTI (Herausgeber): *Proceedings of the 9th annual conference on Genetic and evolutionary computation*, Seiten 869–875, New York and NY and USA, 2007. ACM and ACM Press.

[MCK08] MIEGNAN, DAVID, JEAN-CHARLES CRÉPUT und ABDERRA-FIÂA KOUKAM: *An Organizational View of Metaheuristics*. In: IFAAMAS (Herausgeber): *OPTMAS Workshop on AAMAS 2008*. 2008.

[MD05] MONETT DÍAZ, DAGMAR: *Agent Based Configuration of (Metaheuristic) Algorithms*. Shaker, Aachen, 2005.

[MMPMMV03] MELIÁN, B., J.A MORENO PEREZ und J. MARCOS MORENO-VEGA: *Metaheuristics:A Global View*. Inteligencia Artificial, Revista Iberoamericana de IA, 7(19):7–28, 2003.

[Moo65] MOORE, G. E.: *Cramming More Components onto Integrated Circuits*. Electronics, 38(8):114–117, 1965.

[MP99] MUSLINER, DAVID und BARNEY PELL: *Agents with Adjustable Autonomy: Papers from the 1999 AAAI Symposium, March 22-24, Stanford, California*. AAAI Press, Menlo Park and Calif, 1999.

[MRR$^+$53] METROPOLIS, N., A. W. ROSENBLUTH, M. ROSENBLUTH, A. H. TELLER und E. TELLER: *Equation of State Calculations by Fast Computing Machines*. Journal of Medical Physics, 21(6):1087–1092, 1953.

[MSD+08] MORA, T., A. B. SESAY, J. DENZINGER, H. GOLSHAN, G. POISSANT und C. KONECNIK: *Cooperative Search for Optimizing Pipeline Operations*. In: *Proceedings of the 7th international joint conference on Autonomous agents and multiagent systems: industrial track*, AAMAS '08, Seiten 115–122, Richland and SC, 2008. International Foundation for Autonomous Agents and Multiagent Systems.

[Mül96] MÜLLER, H. JÜRGEN: *Negotiation Principles: Foundations of Distributed Artificial Intelligence*. In: O'HARE, G. M. P. und NICK JENNINGS (Herausgeber): *Foundations of distributed artificial intelligence*, Seiten 211–229. Wiley, New York, 1996.

[NRW04] NICKLES, MATTHIAS, MICHAEL ROVATSOS und GERHARD WEISS: *Agents and Computational Autonomy: Potential, Risks, and Solutions*. Springer, Berlin and London, 2004.

[ÖB09] ÖZCAN, ENDER und CAN BAŞARAN: *A Case Study of Memetic Algorithms for Constraint Optimization*. Soft Comput, 13(8-9):871–882, 2009.

[OL96] OSMAN, IBRAHIM und GILBERT LAPORTE: *Metaheuristics: A Bibliography*. Annals of Operations Research, 63(5):511–623, 1996.

[Pet96] PETROWSKI, A.: *A Clearing Procedure as a Niching Method for Genetic Algorithms*. Proceedings of 3rd IEEE International Conference on Evolutionary Computation, Seiten 798–803+, 1996.

[PGG+12] PERNA, ANDREA, BORIS GRANOVSKIY, SIMON GARNIER, STAMATIOS C. NICOLIS, MARJORIE LABÉDAN, GUY THERAULAZ, VINCENT FOURCASSIÉ und DAVID J. T. SUMPTER: *Individual Rules for Trail Pattern Formation in Argentine Ants (Linepithema humile)*. PLoS Comput Biol, 8(7):e1002592+, 2012.

[PN09] PREMALATHA, K. und A. M. NATARAJAN: *Hybrid PSO and GA for Global Maximization*. Engineering, 2(4):597–608, 2009.

[PN10] PREMALATHA, K. und A. M. NATARAJAN: *Hybrid PSO and GA models for Document Clustering*. In: SHAMSUDDIN, SITI MARIYAM und AJITH ABRAHAM (Herausgeber): *Internatio-*

nal Journal of Advances in Soft Computing and Its Applications, Band Vol2. No.3, Seiten 303–320. 2010.

[Pol08] POLI, RICCARDO: *Analysis of the Publications on the Applications of Particle Swarm Optimisation*. Journal of Artificial Evolution and Applications, 2008:1–10, 2008.

[Pou10] POURSANIDIS, GEORGIOS: *Framework zur Automatischen Bestimmung von Kontrollparametern für die Partikelschwarmoptimierung: Diplomarbeit*. Doktorarbeit, Goethe Universität Frankfurt am Main, 2010.

[PS98] PAPADIMITRIOU, CHRISTOS H. und KENNETH STEIGLITZ: *Combinatorial Optimization: Algorithms and Complexity*. Dover Publications, Mineola and N.Y, Corrected, unabridged republication. Auflage, 1998.

[PX06] PARROTT, D. und XIAODONG LI: *Locating and Tracking Multiple Dynamic Optima By a Particle Swarm Model Using Speciation*. IEEE Transactions on Evolutionary Computation, 10(4):440–458, 2006.

[Qui93] QUINLAN, J. ROSS: *C4.5: Programs for Machine Learning*. Morgan Kaufmann, San Mateo, 1993.

[Rec73] RECHENBERG, INGO: *Evolutionsstrategie: Optimierung technischer Systeme nach Prinzipien der biologischen Evolution*. Frommann-Holzboog, Stuttgart-Bad Cannstatt, 1973.

[RG95] RAO, ANAND S. und MICHAEL P. GEORGEFF: *BDI Agents: From Theory to Practice*. In: *Proceedings of the First International Conference on Multi-Agent Systems (ICMAS-95)*, Seiten 312–319, 1995.

[RM02] ROLI, ANDREA und MICHELA MILANO: *MAGMA: A Multiagent Architecture for Metaheuristics*. IEEE TRANS. ON SYSTEMS, MAN AND CYBERNETICS - PART B, 34:2004, 2002.

[RN03] RUSSELL, STUART JONATHAN und PETER NORVIG: *Artificial Intelligence: A Modern Approach*. Prentice Hall, Upper Saddle River and NJ [u.a.], 2. ed., internat Auflage, 2003.

[Rou05] ROUGEMONT, MICHEL: *Logic, Randomness and Cognition.* In: VANDERVEKEN, DANIEL (Herausgeber): *Logic, Thought and Action*, Band 2 der Reihe *Logic, Epistemology, and the Unity of Science*, Seiten 497–506. Springer Netherlands, 2005.

[RW05] ROVATSOS, MICHAEL und GERHARD WEISS: *Autonomous Software.* In: CHANG, SHI KUO (Herausgeber): *Handbook of software engineering & knowledge engineering.* World Scientific, New Jersey [etc.], op. 2005.

[RZ94] ROSENSCHEIN, JEFFREY S. und GILAD ZLOTKIN: *Rules of Encounter: Designing Conventions for Automated Negotiation Among Computers.* MIT Press, Cambridge and Mass, 1994.

[San99] SANDHOLM, TUOMAS W.: *Distributed Rational Decision Making: Multiagent Systems.* In: WEISS, GERHARD (Herausgeber): *Multiagent systems*, Seiten 201–258. MIT Press, Cambridge and Mass, 1999.

[SASN08] SA, A. A. R., A. O. ANDRADE, A. B. SOARES und S. J. NASUTO: *Exploration vs Exploitation in Differential Evolution.* In: AYESH, ALADDIN (Herausgeber): *AISB 2008.* AISB, 2008.

[SE98] SHI, YUHUI und RUSSELL EBERHART: *Parameter Selection in Particle Swarm Optimization.* In: PORTO, V., N. SARAVANAN, D. WAAGEN und A. EIBEN (Herausgeber): *Evolutionary Programming VII*, Band 1447 der Reihe *Lecture notes in computer science*, Seiten 591–600. Springer Berlin / Heidelberg, 1998.

[Sko05] SKOLICKI, ZBIGNIEW: *An Analysis of Island Models in Evolutionary Computation.* In: *GECCO '05: Proceedings of the 2005 workshops on Genetic and evolutionary computation*, Seiten 386–389, New York and NY and USA, 2005. ACM Press.

[SM09] SEDIGHIZADEH, DAVOUD und ELLIPS MASEHIAN: *Particle Swarm Optimization Methods, Taxonomy and Applications.* International Journal of Computer Theory and Engineering, 5(5):486–502, 2009.

[SPP09] SINHA, NIDUL, BIPUL SYAM PURKAYASTHA und BISWAJIT PURKAYASTHA: *Hybrid PSO/self-adaptive improved EP for Economic Dispatch with Nonsmooth Cost Function.* In: ACEEE

(Herausgeber): *International Journal of Recent Trends in Engineering*, Band 3, Seiten 2917–2922. Academy Publisher, 2009.

[SSK08] SHEN, QI, WEI-MIN SHI und WEI KONG: *Hybrid Particle Swarm Optimization and Tabu Search Approach for Selecting Genes for Tumor Classification using Gene Expression Data*. Computational Biology and Chemistry, 32(1):53–60, 2008.

[SSN04] SOUSA, TIAGO, ARLINDO SILVA und ANA NEVES: *Particle Swarm Based Data Mining Algorithms for Classification Tasks*. Parallel Comput, 30(5-6):767–783, 2004.

[STH06] SCHOLZ, THORSTEN, INGO J. TIMM und OTTHEIN HERZOG: *Semantics for Agents*. In: KIRN, STEFAN (Herausgeber): *Multiagent engineering*, Seiten 431–464. Springer, Berlin and Heidelberg and New York, 2006.

[Tal09] TALBI, EL-GHAZALI: *Metaheuristics: From Design to Implementation*. Wiley, Hoboken and NJ, 2009.

[Tia05] TIANFIELD, H.: *Towards Agent Based Grid Resource Management*. Cluster Computing and the Grid, IEEE International Symposium on, 1:590–597, 2005.

[Tim06] TIMM, I. J.: *Strategic Management of Autonomous Software Systems*. In: *TZI-Bericht Nr. 35*, Bremen, 2006. Technologie-Zentrum Informatik (TZI), Universität Bremen.

[TKTG07] TIMM, INGO J., H.-J. KREOWSKI und A. TIMM-GIEL: *Autonomy in Software Systems*. In: HÜLSMANN, MICHAEL und KATJA WINDT (Herausgeber): *Understanding autonomous cooperation and control in logistics*, Seiten 255–273. Springer, Berlin [u.a.], 2007.

[TLD04] TRIANNI, VITO, THOMAS H. LABELLA und MARCO DORIGO: *Evolution of Direct Communication for a Swarm-bot Performing Hole Avoidance*. In: DORIGO, MARCO, MAURO BIRATTARI, CHRISTIAN BLUM, LUCA GAMBARDELLA, FRANCESCO MONDADA und THOMAS STÜTZLE (Herausgeber): *Ant Colony Optimization and Swarm Intelligence // Ant colony optimization and swarm intelligence*, Band 3172, Seiten 130–141. Springer Berlin / Heidelberg and Springer, Berlin and Heidelberg and New York, 2004.

[TS08] TIMM, INGO und THORSTEN SCHOLZ: *Towards Reliable SOA – An Architecture for Quality Management of Web Services*. In: MEERSMAN, ROBERT, ZAHIR TARI und PILAR HERRERO (Herausgeber): *On the Move to Meaningful Internet Systems: OTM 2008 Workshops*, Band 5333 der Reihe *Lecture notes in computer science*, Seiten 170–179. Springer Berlin / Heidelberg, 2008.

[TSK06] TIMM, INGO J., T. SCHOLZ und H. KNUBLAUCH: *The Engineering Process*. In: KIRN, STEFAN (Herausgeber): *Multiagent engineering*, Seiten 341–358. Springer, Berlin and Heidelberg and New York, 2006.

[TU05] TIANFIELD, HUAGLORY und RAINER UNLAND: *Towards Self-organization in Multi-agent Systems and Grid Computing*. Multiagent Grid Syst, 1(2):89–95, 2005.

[Vos99] VOSS, STEFAN: *Meta-heuristics: Advances and Trends in Local Search Paradigms for Optimization*. Kluwer Academic Publishers, Boston and Mass, 1999.

[VT95] VOUDOURIS, CHRIS und EDWARD TSANG: *Guided Local Search*, 1995.

[VT03] VOUDOURIS, CHRISTOS und EDWARD P.K. TSANG: *Guided Local Search*. In: GLOVER, FRED und GARY A. KOCHENBERGER (Herausgeber): *Handbook of metaheuristics*, Band 1. Kluwer Academic Publishers, Boston, 2003.

[WH05] WOLF, TOM DE und TOM HOLVOET: *Towards a Methodology for Engineering Self-Organising Emergent Systems*. In: CZAP, HANS, RAINER UNLAND, CHERIF BRANKI und HUAGLORY TIANFIELD (Herausgeber): *Self-organization and autonomic informatics*, Seiten 18–34, Amsterdam and Berlin and and Oxford (etc.), 2005. IOS Press.

[Wil02] WILSON, EDWARD O.: *Sociobiology: The new synthesis*. The Belknap Press of Harvard University Press, Cambridge (Massachusetts) and and London, 25th anniversary ed., 2nd printing. Auflage, 2002.

[WJ05]　　　　WEISS, GERHARD und RALF JAKOB: *Agentenorientierte Softwareentwicklung: Methoden und Tools ; mit 78 Tabellen*. Springer, Berlin and Heidelberg and New York, 2005.

[WJK00]　　　WOOLDRIDGE, MICHAEL, NICHOLAS R. JENNINGS und DAVID KINNY: *The Gaia Methodology for Agent-Oriented Analysis and Design*. Autonomous Agents and Multi-Agent Systems, 3(3):285–312, 2000.

[Woo00]　　　WOOLDRIDGE, MICHAEL J.: *Reasoning About Rational Agents*. MIT Press, Cambridge and Mass, 2000.

[Woo09]　　　WOOLDRIDGE, MICHAEL: *An Introduction to Multiagent Systems*. John Wiley & Sons, Hoboken and NJ, 2 Auflage, 2009.

[XD10]　　　　XIAODONG LI und KALYANMOY DEB: *Comparing Lbest PSO Niching Algorithms using Different Position Update Rules*. In: *Proceedings of the IEEE Congress on Evolutionary Computation, CEC 2010, Barcelona, Spain, 18-23 July 2010*, Seiten 1–8. IEEE, 2010.

[XZY02]　　　XIE, X. F., W. J. ZHANG und Z. L. YANG: *Adaptive Particle Swarm Optimization on Individual Level*. In: YUAN, BAOZONG und XIAOFANG TANG (Herausgeber): *6th International Conference on Signal Processing 2002*, Band 2, 2002.

[Yin06]　　　　YIN, P.: *Genetic Particle Swarm Optimization for Polygonal Approximation of Digital Curves*. Pattern Recognition and Image Analysis, 16:223–233, 2006.

springer-vieweg.de

Springer Vieweg Research
Forschung, die sich sehen lässt

Werden Sie AutorIn!

Sie möchten die Ergebnisse Ihrer Forschung in Buchform veröffentlichen?

Seien Sie es sich wert. Publizieren Sie Ihre Forschungsergebnisse bei Springer Vieweg, dem führenden Verlag für klassische und digitale Lehr- und Fachmedien im Bereich Technik im deutschsprachigen Raum. Unser Programm Springer Vieweg Research steht für exzellente Abschlussarbeiten sowie ausgezeichnete Dissertationen und Habilitationsschriften rund um die Themen Bauwesen, Elektrotechnik, IT + Informatik, Maschinenbau + Kraftfahrzeugtechnik. Renommierte HerausgeberInnen namhafter Schriftenreihen bürgen für die Qualität unserer Publikationen. Profitieren Sie von der Reputation eines ausgezeichneten Verlagsprogramms und nutzen Sie die Vertriebsleistungen einer internationalen Verlagsgruppe für Wissenschafts- und Fachliteratur.

Ihre Vorteile:

Lektorat:
- Auswahl und Begutachtung der Manuskripte
- Beratung in Fragen der Textgestaltung
- Sorgfältige Durchsicht vor Drucklegung
- Beratung bei Titelformulierung und Umschlagtexten

Marketing:
- Modernes und markantes Layout
- E-Mail Newsletter, Flyer, Kataloge, Rezensionsversand, Präsenz des Verlags auf Tagungen
- Digital Visibility, hohe Zugriffszahlen und E-Book Verfügbarkeit weltweit

Herstellung und Vertrieb:
- Kurze Produktionszyklen
- Integration Ihres Werkes in SpringerLink
- Datenaufbereitung für alle digitalen Vertriebswege von Springer Science+Business Media

Möchten Sie AutorIn bei Springer Vieweg werden? Kontaktieren Sie uns.

Dorothee Koch
Cheflektorat Forschungspublikationen
Tel. +49 (0)611.7878-346
Fax. +49 (0)611.787878-346
dorothee.koch@springer.com
Springer Vieweg | Springer Fachmedien Wiesbaden GmbH

The manufacturer's authorised representative in the EU is Springer Nature Customer Service Centre GmbH, Europaplatz 3, 69115 Heidelberg, Germany. If you have any concerns regarding our products, please contact ProductSafety@springernature.com

Printed and bound by CPI Group (UK) Ltd, Croydon, CR0 4YY
25/03/2026
02078193-0011